妈妈的
说话练习

엄마의 말 연습

不发脾气，完整传达爱意的39堂说话课

[韩] 尹智映——著　曹红滨——译

中信出版集团 | 北京

图书在版编目（CIP）数据

妈妈的说话练习：不发脾气，完整传达爱意的 39 堂说话课 /（韩）尹智映著；曹红滨译 . -- 北京：中信出版社，2023.6
ISBN 978-7-5217-5614-2

I.①妈⋯ II.①尹⋯②曹⋯ III.①家庭教育 IV.① G78

中国国家版本馆 CIP 数据核字 (2023) 第 066429 号

엄마의 말 연습（妈妈的说话练习）
Text Copyright 2022 by 윤지영（尹智映）
Illustrated by 박지선 朴智宣 (soso-hi)
All rights reserved.
Simplified Chinese copyright© by CITIC PRESS CORPORATION
Simplified Chinese language edition is published by arrangement
with Cassiopeia Publishing Company
through 连亚国际文化传播公司

妈妈的说话练习——不发脾气，完整传达爱意的 39 堂说话课
著者：　　［韩］尹智映
译者：　　曹红滨
出版发行：中信出版集团股份有限公司
（北京市朝阳区东三环北路 27 号嘉铭中心　邮编　100020）
承印者：　嘉业印刷（天津）有限公司

开本：880mm×1230mm 1/32　　印张：7.25　　字数：117 千字
版次：2023 年 6 月第 1 版　　　　印次：2023 年 6 月第 1 次印刷
京权图字：01-2023-0134　　　　　书号：ISBN 978-7-5217-5614-2
定价：58.00 元

版权所有·侵权必究
如有印刷、装订问题，本公司负责调换。
服务热线：400-600-8099
投稿邮箱：author@citicpub.com

序言

这样说话孩子很受伤

"妈妈，陪我玩会儿吧。"

"好啊，玩什么呢？"

"玩动物园游戏。妈妈，你选一个自己要扮演的动物吧。"

上小学一年级的儿子把动物公仔摆了一地，让我从中选择一个。

"妈妈要当老虎。"

儿子把老虎公仔交给我，然后去摆放其他公仔。他把蛇放在篮子里，鳄鱼放在沙发上，大象放在书柜里。孩子摆放公仔的时候，我在叠衣服。

"妈妈，快来陪我玩啊。"

"哦，马上，把这件衣服叠好就来。"

"一会儿再叠也行啊。就一会儿再叠吧。刚刚不是答应了陪我玩动物园游戏嘛。"

"好，好，知道了，马上就来。"

嘴上说着知道了，可我一直没有放下手里的衣服。

i

"不是说玩动物园游戏吗，怎么还在叠衣服？"

"玩动物园游戏只说话就可以啊。叠衣服用手，妈妈可以一边陪你玩游戏，一边叠衣服！你好，我是老虎，是这个动物园的大王。"

"不对！我不是说过这个动物园的大王是眼镜蛇嘛！不是老虎！！！"

"啊，是哦，对不起，妈妈忘记了。"

虽然答应了陪孩子玩，我却有些心不在焉。我一边说着话，陪孩子玩动物园游戏，一边继续叠着衣服。叠好的毛巾、衬衫、内衣整整齐齐地摞在一起。一件、两件，衣服越来越多，摇摇欲坠。于是，我再次请求儿子的谅解。

"稍等妈妈一会儿好吗？妈妈放好这些衣服后马上回来。"

实际上，家务活等孩子去学校之后再干也可以，只是我觉得陪他玩动物园游戏非常无聊。孩子说的那些关于动物的话题，我一点都不感兴趣。老虎也好，眼镜蛇也罢，都不是我所关心的，所以我才装出一副陪孩子玩的样子，手上却忙个不停。

我把毛巾和衣服放好，回来之后却发现儿子一脸失望地在整理玩具。他噘着嘴、斜着眼看我。我做完了自己想做的事，孩子却已经失去了继续玩游戏的兴致。

我真心感到抱歉……

作为一名儿童教育书籍的作者，我经常写这方面的书，做相关演讲，但在现实生活中，我教育孩子的方式和其他妈妈没有太大的区别。我会耐心地跟孩子交谈，但有时也会敷衍地回答孩子的问题；我会对孩子循循善诱，但也经常对孩子唠唠叨叨说个不停；我会陪着孩子一起欢笑，但有时也会发火，口不择言伤害孩子，之后又感到后悔。面对孩子，虽然我想一直温柔以待，但很多时候事情并不能如我所愿。特别是当孩子不专心做作业的时候，我总会冷着脸催促他。

"别东张西望。"

（明明我陪孩子玩的时候也总分神）

"既然在做作业，那就专心一点。"

（明明我陪孩子玩的时候也在忙其他事）

"光坐那有什么用？你哪怕能集中注意力 5 分钟也好啊！"

（明明我也不曾抽出 5 分钟时间，全心全意陪孩子玩……）

正如妈妈会觉得陪孩子玩游戏很无聊而心不在焉一样，孩子也会因为学习太无聊而走神。然而，我只想到要矫正孩子散漫的学习态度，根本没有察觉自己对孩子说话的态度也很散漫。我没能意识到，我对待孩子的态度、对孩子说的话，都是有问题的。

父母对孩子的关爱和担心，并非都能表现为爱的话语。相反，更多的时候，父母心情急切，说出的话会伤害孩子。这是因为，父母并不擅长选择合适的话语来表达自己的内心感受。父母也需要不断地自我反省、自我修正。

于是，我在冷静地思考过后，决定把对孩子说的话记录下来，以此来回顾自己之前的说话习惯。

"快点做。"（指示）

"作业做了吗？"（确认）

"别哭了。"（禁止）

"东西用完后要放回原处。"（命令）

回顾自己说的话，我发现我的话语库中充斥着指示、确认、禁止、命令等性质的话语。我也意识到，那些小时候曾经让我受到伤害的话，现在也正在被我反复传达给我的孩子。我感到心里很不是滋味。我陷入苦恼，开始思索我该怎样做才能在跟孩子说话时避开这些误区。

虽然这个问题没有标准答案，但是有一些话语明显能够更温柔、更好地表达我内心真正的想法。我像寻宝一样，历尽千辛万苦发现的那些话语，大多是认可的话语、赞同的话语、慈爱的话语，是那些我没听过但是想听到的话语，是那些我没对孩子说过但是想对孩子说的话语。

总的来说，那是"尊重的话语"——尊重孩子，同时让孩子感受到被尊重。

请大家回想一下：今天对孩子说了哪些话？说话的语气如何？对孩子说话的时候，有没有冷嘲热讽、情绪消极？是否带着命令、指示性的口吻？

没有哪个妈妈对孩子说话的时候，能够不犯任何错误，表现得绝对完美。而且，父母说出的伤害孩子的话中，一般都包含着一些潜意识上的错误，这些错误大部分都会反复出现。我写这本书，正是为了向父母们客观描述我们在无意识中形成的错误的说话习惯，进而提出一些改正方案，供大家参考。

同样的意思，父母的表达方式不同，孩子的感受就会不同，表现也会不一样。希望《妈妈的说话练习》能够让更多的父母反思自己对孩子说话的方式，并下定决心有所改进。

而且，我也希望父母们的话语库中充满认可的话语、赞同的话语、慈爱的话语，这样父母才能随时随地对孩子说出正能量的话。通过这类"尊重的话语"，父母可以准确地向孩子传达自己的爱，父母与孩子之间也会越来越亲密。

刚开始，每个父母都会经历挫折。但是，只要父母开始尝试改变，不断地认识并改正自己的错误表达，就会慢慢养成尊重孩子的习惯。习惯不是与生俱来的，而是后天培养的。《妈妈的说话练习》正是为了帮助父母养成这种良好的习惯而创作的。

希望天下父母都能自然流畅地表达自己对孩子的爱，与孩子幸福地生活在一起。我愿为此贡献自己的一份心力。

尹智映
写在初秋时节

目录

理论篇
表达尊重的 3 种话语：给孩子带来欢笑

第一步　认可的话语带来情感交流

1-1　哪烫啊？一点都不烫！（否定）
→ 很烫啊？那我再给你吹凉点。（认可孩子的感受）· 10

1-2　晚上不能吃东西！（否定需求）
→ 嘴馋了啊？明天再吃可以吗？（认可需求）· 13

1-3　哭什么！不许哭！（强迫）
→ 哭吧，没关系。（认可感受）· 18

1-4　不许顶嘴！（当面训斥）
→ 我明白你为什么感到好奇。（认可想法）· 23

第二步　赞同的话语打开孩子的心扉

2-1　你怎么这么善变？（消极的判断）
→ 改变想法了吗？（积极的解释）· 28

2-2　再这样下去，你最后只能放弃数学了！（威胁）
→ 多做几次就简单了。（安慰）· 31

2-3　你怎么又把脱下来的袜子随便乱扔？（追究）
→ 你是因为还不习惯才这样的。（积极的解释）· 36

2-4　怎么每天都这样！（夸大范围）
→ 以后要这样做。（叮嘱）· 42

2-5　擦掉重写！（指责）
→ 作业做完了啊，真棒！（鼓励）· 47

第三步　慈爱的话语默默传递关爱

3-1　说"我错了"！（指示）
→ 知道自己不对的话，就过来抱抱妈妈吧。（建议）· 54

3-2　不要惹爸爸生气！（禁止）
→ 这种时候你能稍微等一下吗？（请求）· 57

3-3　吃完了就收拾一下！（命令）
→ 能把碗放到洗碗槽里吗？（请求）· 61

3-4　你的心情会好吗？（审问）

→ 你的心情会怎么样呢？（提问）· 66

3-5 你到底想让我怎么办？我能有什么办法！（厌烦）
→ 妈妈也有解决不了的事情。（说明）· 69

实战篇
改变孩子习惯的 5 种说话练习

第一步　说话练习之日常生活

1-1 对上学前磨蹭的孩子少点
"快点穿衣服"的催促 · 82

1-2 对行动缓慢的孩子少点
"为什么这么磨蹭！"的责备 · 91

1-3 对不爱吃饭的孩子少点
"不许把饭菜掉到桌子上，快吃！"的警告 · 95

1-4 对经常吵架的孩子少点
"别吵了！住嘴！"的逼迫 · 100

1-5 对不听话的孩子少点
"你就住在游乐场吧！"的违心话 · 105

1-6 对不睡觉的孩子少点
"赶紧睡觉！"的恐吓 · 109

第二步　说话练习之人格培养

2-1　对不懂得谦让的孩子少点
"怎么这么自私?"的责骂·114

2-2　对不打招呼的孩子少点
"好好打招呼!"的指责·118

2-3　对经常丢东西的孩子少点
"这都第几次了?"的斥责·123

2-4　对惹麻烦的孩子少点
"不要给别人添麻烦!"的模糊的禁止·129

2-5　对不遵守秩序的孩子少点
"下来!后面还有人等着!"的命令·133

2-6　对不道歉的孩子少点
"快点道歉!赶紧和好!"的催促·137

第三步　说话练习之学习习惯

3-1　让抱怨作业多的孩子少点
"学习是为了妈妈吗?"的负罪感·144

3-2　对不喜欢学习的孩子少点
"不只是你会感到累!"的比较·147

3-3　对想先出去玩的孩子少点

"为什么不遵守约定？"的质问·154

3-4　对拒绝去上辅导班的孩子少点
"即使讨厌也要坚持 6 个月！"的强迫·157

第四步　说话练习之结交朋友

4-1　对遭到朋友绝交的孩子少点
"你也不要跟他玩！"的情感代入·164

4-2　对随意对待朋友的孩子少点
"这样下去你会被孤立！"的威胁·170

4-3　对遭到朋友无视的孩子少点
"那个小朋友叫什么？"的干涉·175

4-4　对感到孤独的孩子少点
"都怪妈妈……"的自责·180

4-5　对没有发出生日聚会邀请的孩子少点
"那个孩子怎么这个样子？"的诋毁·184

第五步　说话练习之交流沟通

5-1　对带给妈妈伤害的孩子少点
"你只会这样说话吗？"的尖言厉语·190

5-2　对不善于察言观色的孩子少点
"听不懂我说的话吗？"的羞辱·194

5-3 对滥用新造词的孩子少点
"不许这样说话！"的禁止·198

5-4 对一整天都在玩手机的孩子少点
"看见你就烦，出去！"的愤怒·201

后记 紧紧拥抱我们深爱的孩子·207

附录 快速读懂表达尊重的三种话语·212

赞同的话语

认可的话语

慈爱的话语

理论篇

表达尊重的 3 种话语：
给孩子带来欢笑

表达尊重的3种话语：
给孩子带来欢笑

我还记得孩子刚开始学骑自行车时发生的事情。我是一个非常容易感到不安的妈妈，所以再三叮嘱孩子要戴好护具。但孩子总是嚷着没关系，完全不做任何保护措施就去骑自行车。结果，下坡的时候自行车失去了平衡，孩子摔了下来。孩子这样不听话，令我感到非常生气。

> "哭，哭，哭，有什么好哭的？"（斥责）
> "我跟没跟你说过要戴好护具？"（数落）
> "听妈妈的话不会吃亏的。为什么就是不听呢？"（责备）

我稍微批评了几句，孩子就委屈地哭了起来。因为膝盖流血，孩子已经感到非常害怕了，再加上妈妈严厉的批评，孩子心里自然会觉得委屈吧。

过了好一会儿，看到孩子的表情我才反应过来。我应该先问孩子有没有受伤，先对孩子说："幸好伤得不是很严重。"

看到孩子受伤，疼哭了，我的本意并不是数落、指责他，然而却通过大吼大叫的方式表达了自己对孩子的担心和心疼。如果可以，我想收回自己对孩子说的那些过激的话。

面对疼哭了的孩子，我为什么会用斥责的话语伤害他呢？那是因为我的脑海中最先想到的是孩子不听妈妈的话。我并没有想过要理解孩子，而是首先考虑如何纠正孩子的错误。我只想尽快缓解自己内心的不适感，以我的标准来要求孩子。

那件事发生之后，为了不再犯同样的错误，我开始思考，遇到同样的情况时，我应该对孩子说些什么。最终，我意识到孩子需要听到的是"尊重的话语"，即那些表达认可的、赞同的、慈爱的话语。

（1）认可的话语

> "有什么好哭的？不许哭！"
> （禁止的话语）

↓

> "很疼吗？要是觉得疼的话，哭也没关系。"
> （认可孩子感受的话语）

孩子哭闹的时候，父母一味地娇惯显然是不可取的，因为他们要让孩子认识到不够端正的态度，改正错误的行为。但是，父母可以认可孩子的感受、需求和想法。

为了说出"认可的话语"，父母首先需要学会辨别孩子的行为。即使无法认可孩子做出的所有行为，也可以认可孩子的部分行为。父母需要通过观察孩子外在的行为，了解其背后隐藏的需求和感受，学会区分何时应该认可孩子的行为，何时应该纠正孩子的错误。

==认可的话语是人与人之间情感交流和建立关系的核心。==感受和想法得到认可，孩子能够从中得到安慰，学会共情，进而成长为一个精神健康之人。

（2）赞同的话语

> "你要是觉得麻烦不戴护具，会摔到头，膝盖也会蹭破的。"
> （消极恐吓的话语）

↓

> "刚开始戴护具确实会觉得比较麻烦，戴习惯了就会觉得很方便的。"
> （赞同鼓励的话语）

消极的想法和话语会让孩子的自尊心受挫。孩子会变得谨小慎微，习惯看别人的脸色行事。相反，父母赞同的话语会让对话变得自然流畅，能够打开孩子的心扉。

请父母不要紧抓着孩子的缺点和错误不放，而要关注孩子的优点和可塑性，不断地鼓励孩子。这样孩子自然会变得勇敢、自信，进而表现得更好。如果说滋养孩子身体的是营养丰富的食物和充足的睡眠，那么培养孩子精神的便是父母的信任和支持。希望父母们能够记住，一个阳光开朗的孩子肯定是在成长过程中听到了许多赞同的话语。

（3）慈爱的话语

"说，以后会乖乖听妈妈的话！骑自行车的时候一定戴护具！"
（冷漠的话语）

↓

"跟妈妈拉钩，答应妈妈，之后骑车一定要戴上护具，好不好？"
（慈爱的话语）

孩子是否觉得父母慈爱，在很大程度上是由父母的说话方式和态度决定的。即使是同样的话，父母用不同的口气、语调、表情来说，孩子的感受也不相同。总是用冷漠的表情、不耐烦的语气、严厉的眼神，会让孩子很容易怀疑父母是否爱自己。最终，他们会变得越来越自卑。由此可见，冷漠的态度会从话语中渗透到孩子内心深处的各个角落，让孩子难以感受到被尊重。正如皮肤长期暴露在寒冷的环境中会生冻疮一样，父母的冷漠也会让孩子的心灵生出冻疮。

相反，==在充满慈爱的眼神和话语中长大的孩子，会相信自己备受关爱==。因此，不管在什么地方，他们都会非常自信，对待他人也会非常友善。

俗话说得好，"良言一句三冬暖，恶语伤人六月寒"。同样的话，用慈爱、温柔的语气说出来，产生的效果更好。不仅孩子要尊敬父母，父母说话的时候也要懂得尊重孩子，这样父母与子女之间的感情才会更加深厚。

《妈妈的说话练习》主要分为"理论篇"和"实战篇"两部分。首先，我要在"理论篇"中介绍父母与孩子对话时需要使用的三种话语，即认可的话语、赞同的话语、慈爱的话语。

在"第一步　认可的话语带来情感交流"中，我会通过具体事例向父母介绍，认可孩子感受、需求、情感、想法的说话方式具体应该如何实践。

在"第二步　赞同的话语打开孩子的心扉"中，我会向父母介绍能够安慰和鼓励孩子的方法，帮父母丢掉消极的判断、威胁、夸大、指责等话语，改为使用理解、解释、叮嘱等表示赞同的话语。

在"第三步　慈爱的话语默默传递关爱"中，我会向父母介绍有力度、有温度的说话方式，帮助父母在面对孩子时摒弃命令或指示性的话语，转而选择更温暖、更富有感情的提议、叮嘱等话语。

为了能够说出表达尊重的话语，父母首先需要明白自己日常的话语中存在的问题。父母要意识到："我需要改变自己。今后，我要转换一下说话的方式。"在父母下定决心的瞬间，就埋下了改变的种子。那么，让我们从现在开始回顾一下自己之前的说话习惯，开启一段新的旅程吧。

第一步
认可的话语带来情感交流

认可的话语 1-1

哪烫啊？一点都不烫！（否定）
→ 很烫啊！那我再给你吹凉点。（认可孩子的感受）

---

7 岁的孩子喊疼，感觉快要哭了

孩子　好疼，好疼啊。
爸爸　哪疼？(反感)
　　　疼什么？(否定)
　　　别大呼小叫的！(禁止)

6 岁的孩子说饭菜很烫，不吃

孩子　好烫啊。我不敢吃。
妈妈　不许吐出来！根本不烫！(完全否定)
　　　一点都不烫，刚好是热乎的。(强迫)

> 再凉的话你又会说太凉了，还是不吃！（催促）
> 你怎么这么难伺候？（反应过度）

孩子通常稍微受到一点刺激就会表现得非常敏感：如果洗澡水有一点热，孩子就会喊"啊，好烫"，显得惊慌失措；如果洗澡水不冷不热，孩子又会说"水太凉，没法洗澡"；有时食物明明并不烫嘴，孩子却喊着"好烫"，把吃到嘴里的食物吐出来；玩耍的时候稍微磕了一下，孩子也会哭着喊疼，没有伤口也吵着要贴创可贴……遇到这些情况，父母们一般是如何应对的呢？

"哪里烫了？""有什么好疼的？"大多数时候，父母会否定孩子的感受，甚至有时候父母会主观评断并禁止孩子产生这种感受。父母会批评孩子"不要没事找事""不要这么矫情"。但是，没事找事或者矫情都是父母以自己的标准做出的判断。每个人的感受不同。孩子说疼是因为他觉得疼，孩子喊烫是因为他觉得烫。即使是父母，也不能否定孩子的感受。父母可以说服孩子，改变孩子的想法，但是无法"说服"孩子的感受，而且也不应该这样做。

认可孩子的感受，父母才能与孩子产生共情。

"疼吗？"（共情）

"很疼吧！"（认可）

"给你贴个创可贴好吗？"（提出解决方案）

"烫吗？"（共情）

"很烫吧！"（认可）

"那再给你吹凉一点。"（提出解决方案）

为孩子准备一顿温热可口的饭菜，对父母而言并非易事。有时候，饭菜明明是温热的，孩子却喊"烫"。"那你就吃凉的吧！"这句话几乎就要脱口而出。但是，认可孩子的感受，做出孩子想要的温度，这需要父母的忍耐和付出。禁止和命令无法教会孩子尊重。倾听孩子的想法，给孩子吹凉饭菜、贴上创可贴，这样才能让孩子知道什么是尊重。可以说，==父母承受的煎熬是教孩子学会尊重所要缴纳的学费。==

我敢肯定，唯有尊重才能换来尊重。因此，面对喊"烫"的孩子，父母应该摈弃反感和消极的话语，选择共情和认可的话语，坦然接受，不辞辛苦，为孩子吹凉饭菜。

认可的话语 1-2

晚上不能吃东西！（否定需求）

→ 嘴馋了啊？明天再吃可以吗？（认可需求）

7 岁的孩子吵着要买电视广告中的玩具

孩子　我想要那个玩具。

妈妈　家里有那么多玩具，还要买？买回来你也玩不了几天。别再吵着买玩具了！（否定需求）

上小学一年级的孩子不做作业，说要出去玩

孩子　我先出去玩一会儿可以吗？

妈妈　想玩也得有个限度，作业不做就想着出去玩？不行！

（否定需求）

> **上初中一年级的孩子晚上吵着要吃夜宵**
>
> 孩子　我想吃炸鸡。妈妈，给我点份外卖吧。
>
> 妈妈　哎呀，忍忍吧。这么晚了，吃东西对身体不好。(否定需求)
>
> 孩子　啊，我想吃嘛……今天不是星期五嘛，可以放松一下吧。
>
> 妈妈　晚上吃的东西都会变成肥肉的，而且油炸食品对皮肤也不好。(建议)
>
> 你最近不是长痘痘嘛。别吃过之后再后悔，今天就暂且忍忍吧！(忠告)

　　有很多玩具还吵着要买新玩具，作业没做完却想出去玩，大晚上的要吃炸鸡，这些画面是不是似曾相识呢？

　　让孩子衣食无忧、快快乐乐地成长是每个父母的愿望。所以，只要孩子提的要求不是特别过分，父母都会尽量满足。但是孩子们想要的东西很多，想吃的食物很多，想做的事情也很多。当孩子提出一些不可理喻的要求时，即便父母再宠爱孩子，也会觉得难以接受。

　　然而即使父母有理有据地向孩子解释，孩子的内心也不会轻易动摇。因为想买东西、想吃食物、想玩游戏，这些并不是"想法"，而是"需求"。想法可以被说服、被改变，但是需求不可以。

　　当然，就算孩子的需求再强烈，父母也不能满足孩子所有的愿望。没有人可以完全按照自己的想法而活，父母需要教会孩子忍耐。如果每次孩子吵着要玩具和炸鸡,父母都满足孩子,那孩子就无法学会克制自己。尤其是自我调节能力较弱的孩子,更需要父母给予恰当的引导。

在这种情况下,真正尊重孩子的父母不会完全将自己的意愿强加给孩子,而是会首先询问一下孩子的意见,在了解孩子真正的想法之后,再向孩子说明情况,说服孩子改变想法。需求得到认可之后,孩子更容易听从父母的建议和忠告,从而做出正确的选择。

"妈妈理解你想要那个玩具。"(认可需求)

"但是,其实你有类似的玩具,只是你好久没有玩了。你先玩那个怎么样?"(提出解决方案)

"不想做作业啊。好的,我知道了。"(认可需求)

"不是不让你玩,只让你做作业,而是让你先做完作业再出去玩。作业做完之后再玩,你会玩得更开心、更自在。"(说明情况)

孩子到了一定的年龄之后,父母便很难把自己的想法强加到孩子身上。稍不注意,就可能会让孩子感到被干涉或者被强迫,引发孩子的反抗。这种情况下,父母需要采取一种协商的姿态，把孩子看作一个拥有独立人格的个体，理性对待孩子不同的需求。父母与孩子需要在各自做出一点让步的过程中，寻找彼此都满意的平衡点。

孩子　我想吃炸鸡。妈妈，给我点份外卖吧。

妈妈　想吃炸鸡吗？（认可需求）
　　　这么晚了，吃油炸的东西对身体不好。（说明情况）
　　　明天再吃吧！（提出解决方案）
　　　你觉得怎么样？（询问意见）

孩子　我想吃炸鸡，忍着的话，我会一直想着炸鸡睡不着觉。太晚了吃东西对身体不好，但是睡不着觉同样对身体不好。（提出依据）也不是每天都吃，一周就吃一次，晚上吃好像也没什么问题。
　　　（提出意见）

妈妈　好吧。一周吃一次的话，应该没问题。那我们就趁着时间还不是太晚，赶紧点吧。

父母需要教会孩子的是"**自制**"，而不是"**控制**"。随着年龄的增长，孩子会有自己的想法，能够自己做出判断。相比为孩子设定好前进的方向，帮助孩子养成自觉的习惯更为重要。父母应该摒弃"不行""忍着"这种绝对化的否定性用语,通过恰当的话语认可孩子的需求,培养孩子的自我调节能力。从父母这样的态度中,孩子能够感受到尊重。

"想吃炸鸡啊!炸鸡那么好吃,确实人人都想吃。"
"想玩啊!很正常,你现在正是爱玩的年纪。"
"想要那个玩具啊!好的,我知道了。"

帮助孩子养成受益一生的好习惯,这是父母的责任。而认可、接受孩子的需求,也是父母需要做的事情。因此,跟孩子说话的时候,请父母们说一些"认可孩子需求的话语"。如果孩子总是担心爸爸妈妈不同意而隐藏自己的需求,那对孩子而言,家只不过是一个冰冷空洞的房子。摒弃绝对化的禁止和命令,采用认可和协商的对话,孩子将会感受到家庭的温馨。

自己的需求是否被父母认可,会影响孩子与他人交往的方式。如果需求经常被否定和拒绝,孩子就会因为害怕遭到拒绝而在他人面前隐藏自己真实的想法。==而父母充分接受孩子的需求,孩子便能获得安全感,在他人面前自然而然地展现真实的自己。==

认可的话语 1-3

哭什么！不许哭！（强迫）
→ 哭吧，没关系。（认可感受）

---

6 岁的孩子玩棋盘游戏的时候输了，把棋盘打翻在地，开始哭泣

孩子　为什么总是我输？不玩了！呜呜呜！

妈妈　游戏不就是有赢有输嘛，哭什么呀？(反感)

　　　这点事不值得哭。(判断)

　　　有什么好哭的？(责备)

　　　不许哭！(强迫)

　　　别哭了，跟妈妈说一说吧。(指示)

孩子觉得心里不舒服的时候就会哭。哭的时候，孩子分不清自己是因为苦恼、伤心、生气还是委屈。孩子不了解

自己的感受，所以也不知道自己为什么哭泣。这个时候，父母应该帮助孩子找出哭泣的理由。对于不知道哭泣原因的孩子，如果父母一味地追问或者责备，那么孩子便无法得知在当时的情况下，在那种感受之下，应该如何反应。

孩子是自身情绪的主人。即便是父母也不能禁止或者阻断孩子的感受。区分孩子可以做的行为和不能做的行为，对不能做的行为加以控制，这是必要的。然而，感受无法被禁止。存在"问题行为"，但不存在"问题感受"。如果父母希望在不麻痹孩子感受的前提下控制孩子的行为，首先需要做的便是正确区分孩子的感受和行为。

这句话的意思是，父母要包容孩子的感受，而不放纵孩子的行为。有时候，父母也会感到非常混乱，不知道哪些情况需要接受，哪些情况应该制止。这时就要区分孩子的感受和行为。比如，孩子哭泣其实没有关系，但是为了获得想要的东西耍赖或者无理取闹，这就是问题行为。父母需要理解孩子的心情，但是如果孩子做出一些给他人带来不便或者伤害的行为，则需要马上纠正。

"我知道你输了之后很伤心。"（认可感受）

"伤心也不能打翻棋盘啊。"（制止问题行为）

"听到你拼命大哭，我感觉很不是滋味，其他人心里

也不舒服。不过你回到自己房间之后，放声大哭也没有关系。"（提出解决方案）

"在房间里尽情哭过之后，无论什么时候出来，爸爸妈妈都会在外面等你。"（等待）

"尽情哭过了吗？现在心情好点了吗？"（询问心情）

对于孩子的开心、幸福、兴奋等正面感受，父母会表现得非常宽容，但是对于孩子的伤心、愤怒、泪水，父母却经常表现得很苛刻。这是因为，这些负面感受会让父母觉得不舒服，甚至会感到不安和担心。孩子在学校里也这么爱哭该怎么办？如果被同学叫作"爱哭鬼"该怎么办？如果放任孩子哭泣，孩子变得更爱撒娇该怎么办？父母会产生各种各样的忧虑，所以面对哭泣的孩子，很难说出"没关系"。

但是，人的感受如果得不到宣泄，最终会一发不可收拾。面对孩子的感受，父母不能太过严苛。不能压抑孩子的感受，而要让其自然地流露、释放。孩子哭泣、伤心都没有关系。

"你觉得伤心吗？"（共情）

"我明白你很伤心。伤心的话，自然会流眼泪。"（分析感受）

"哭吧，没关系。"（认可感受）

"等你哭过之后,我们再聊吧。"(提出解决方案)

父母需要教会孩子的第一件事情是,伤心的时候不应该强忍泪水,而要通过泪水释放情绪。成年以后再学习强忍泪水吧。孩子需要拥有充足的时间去体会自己的感受。

"我明白你的想法了。"
"我知道你很伤心。"
"你生气也是可以理解的。"
"如果我是你,我也会觉得可惜。"
"当然可以伤心。"
"感觉委屈很正常。"
"是有可能产生这样的感受。"
"我明白你是怎么想的。"

以上都是"认可孩子感受的话语"。即便只是了解一下对方内心的想法,也会让双方之间的相处变得更加舒服。认可孩子的感受,能够让孩子感到被理解,从而向父母敞开心扉。尊重的核心要素是认可感受。==感受得到认可之后,孩子才能表现出好的行为。==

> 父母需要教会孩子的第一件事情是，伤心的时候不应该强忍泪水，而要通过泪水释放情绪。

**认可的话语
1-4**

不许顶嘴！（当面训斥）
→ **我明白你为什么感到好奇。**（认可想法）

上小学四年级的孩子因为感到好奇，所以一直追问

孩子　为什么啊？为什么不行呢？

爸爸　怎么一张嘴就是"为什么"啊？你怎么总是把"为什么"挂在嘴边呢？(轻率的回应)

　　　大人说话，小孩不许顶嘴！(当面训斥)

　　　没大没小，哪里学来的顶嘴这个毛病？一点规矩都没有！(判断)

孩子只不过是出于好奇才询问的，但是大人听到"为什么"这句话后，有时会很反感。孩子生硬的语气和不满的表情甚至会让父母觉得孩子在顶撞或者反抗自己。所以，父母

23

会当面训斥孩子，警告孩子不要接话茬，对孩子的问题置之不理，指责孩子，让孩子不要顶嘴。

当孩子对于父母说的话提出疑问或者表达自己的看法时，如果父母将其视为顶嘴，从而指责孩子，孩子就会渐渐觉得跟父母聊天很不舒服。他们还有可能会开始害怕在父母面前提出自己的主张。最终，即便孩子对某些事情感到好奇，也会不敢轻易提出自己的疑问。

为了不被父母讨厌，孩子会压抑自己的好奇心和疑惑，这是很可悲的。孩子没有顶嘴，只是在表达自己的想法；孩子不是不讲礼貌，只是在表达想法的时候略显生疏罢了。如果父母像下面这样理解和对待孩子，事情又将如何呢？

"想知道为什么？好的，我知道了。"（认可想法）

"感到好奇的时候，没有轻易放过问题，而是选择提问，这种态度很好。"（认可态度）

很多孩子进入青春期后，都会跟父母没有话说。比起孩子把房门一关，拒绝跟父母进行任何交流，孩子跟父母顶嘴也许并没有那么糟。如果对孩子的说话方式感到不舒服，父母可以这样对孩子说：

"提出问题挺好的,但你的语气就好像在怪别人一样。"(纠正语气)

"'为什么'听起来很容易让人反感,假如换个说法,'我很好奇原因是什么',你觉得怎样?"(提出解决方案)

责备孩子的时候,情况也是类似的。孩子不会马上承认自己的错误,他们会用更多的时间来诉说自己的委屈,为自己辩解。当然,这也有可能是孩子为了逃避责任找的一些借口。但是,辩解和借口可能只是站在大人的角度做出的轻率判断。孩子或许只是在努力地诉说自己的委屈而已。

父母首先应该听完孩子的倾诉。充分了解了孩子的想法之后,再纠正其中的错误。

"我明白你的想法了。""原来你是这么想的。但是……"
(认可想法)

在孩子的成长过程中,至少需要一个能够带给他安全感的人,在这个人面前,孩子能够毫无顾虑地表达自己的想法,提出自己的问题。只有这样,孩子才能充分发挥自己的想象力和创造力,茁壮成长。

"我知道你挺好奇的。"

"我知道你是什么意思了。"

"站在你的角度,确实可能会这样想。"

"我非常理解你的想法。"

"谢谢你能坦率地告诉我。"

以上是一些"认可孩子想法和意图的话语",它们说明父母在做出自己的判断之前,用心地倾听了孩子所说的话。

如果希望孩子成长为能够如实表达自己的观点、拥有坚定信念的人,那么在孩子的成长过程中,==父母就一定要认可,而不是否定他们的想法。==

第二步
赞同的话语打开孩子的心扉

赞同的话语 2-1

你怎么这么善变？（消极的判断）
→ 改变想法了吗？（积极的解释）

7 岁的孩子因为穿的鞋不舒服，在车上闹别扭

孩子　鞋子穿着不舒服，磨得脚疼，走起路来很累。我想穿拖鞋。

爸爸　不是你自己说要穿运动鞋的吗！都已经出发了，怎么还闹别扭？现在没法回家，先凑合着穿吧！（消极的判断）

上初二的孩子早上睡懒觉

妈妈　别睡了，快起床吧。

孩子　不要，我好困，我想再睡一会儿。

妈妈	每天早上都要我来叫你起床。你这么懒,以后妈妈不在身边可怎么办?(消极的判断)

上小学一年级的孩子割破了手,哭着喊疼

孩子	手指割破了,好疼,我没法洗澡了,要是洗澡的话,手就会流血的。
爸爸	只是划了一个小口,至于这么大惊小怪吗!洗个澡又死不了人!(消极的判断)

随着年龄的增长,孩子们会变得越来越喜欢睡懒觉。这是因为,他们的作业越来越多,睡觉时间越来越晚。

叫醒一个说要"再睡一会儿"的孩子是很困难的,应付孩子善变的心思也很麻烦。有时候,孩子使性子不想洗澡,哄他去洗澡会让人特别心累。父母真的会身心俱疲。

但是,善变、懒惰、无病呻吟,这些都是站在父母的角度做出的消极判断,由消极的情绪和想法催生。

谁都会有对孩子感到不满意的时候,但即便是父母,也无法随意改变孩子的想法,而只能改变自己对孩子的看法。我们需要转变观念,从"该拿这个孩子怎么办"到"该如何改变自己的看法"。父母需要先摆脱消极的、以自我为中心的思考方式,才能改变对孩子说出的话。

"不想穿运动鞋了,想穿拖鞋是吗?但是,我们已经出发了,现在再回家也来不及了。"(积极的解释)

"大早上正做着美梦呢,却要早早起床,感觉很困难吧?即便如此,你还是揉揉眼起床,收拾好了准备上学,这真是非常了不起的事情呢。"(积极的解释)

"只是稍微划了一下,不影响洗澡的,要是觉得疼,我们就贴个防水创可贴吧。"(积极的解释)

对于孩子同样的行为,父母的看法变了,做出的解释也会有所改变。父母话语中包含的情绪能够感染到孩子。听到消极的、具有攻击性的话语,孩子会受挫,进而无法完全发挥自己的能力;而听到积极的、具有建设性的话语,孩子在现实生活中获得成功的概率也会提高。

孩子的未来拥有无限可能。现在睡懒觉的孩子,以后可能会变得非常勤劳;如今无病呻吟的孩子,将来可能会变得非常勇敢。当下就对孩子做出消极的判断,未免操之过急。谁也无法断言孩子未来会变得如何,而消极的判断只会让孩子和父母都充满焦虑。对于孩子的行为,请摈弃消极的判断,选择积极的解释吧。

赞同的话语 2-2

再这样下去,你最后只能放弃数学了!(威胁)
→ 多做几次就简单了。(安慰)

上小学二年级的孩子学数学时感到很吃力

孩子　这些题太难了,我能不做了吗?

妈妈　如果你现在因为觉得运算过程麻烦就不做题的话,最后只能放弃数学了。(威胁)

上小学四年级的孩子跟朋友说话时没有礼貌

孩子　你的脸就跟大猩猩一样。

妈妈　跟朋友说话时这么不懂礼貌,时间久了,你会被孤立的。(威胁)

> **上小学五年级的孩子一心只想着玩游戏**
>
> 孩子　玩完这一局,我就不玩了。
> 爸爸　不学习,只想着玩游戏,人会变成废物的。(威胁)
>
> **上小学三年级的孩子吃了太多的零食**
>
> 孩子　我就再吃一点,可以吗?
> 爸爸　别吃了。再这么吃下去,该胖成猪了。(威胁)
>
> **上小学六年级的孩子冬天想穿着单薄的衣服去上学**
>
> 孩子　我想穿这件衣服去上学。
> 妈妈　穿得那么少会感冒的。只要风度不要温度,会冻死的。(威胁)

　　明明只需要告诉孩子每天都得做算术题,父母却威胁孩子以后会放弃数学;明明只需要教会孩子考虑朋友的感受,父母却恐吓孩子以后会被孤立;明明只需要教育孩子玩游戏要适度,父母却吓唬孩子以后会变成废物。

　　父母在上述示例中说的话,包含着一个共同的问题:前半句说的是"孩子"的行为,而后半句话则是"父母"的焦虑和担心,这样放在一起说会让孩子很迷惑。

　　讨厌做算术题的人是孩子,而担心孩子放弃数学的人是父母;不考虑朋友的心情、惹怒朋友的人是孩子,而担心孩子会受到孤立的人是父母；不学习、只玩游戏的人是孩子，而担心孩子成为废物的人是父母；吃太多零食的人是孩子，而担心孩子会变胖的人是父母。

孩子本身并没觉得有什么，是父母把自己的担忧抛给了孩子。上面那些话表面上听起来像是在教育孩子，本质上其实是父母因为自己的不安而责备孩子。父母很可能是在把自己消极的情绪转移给孩子。

孩子当前的行为和父母对于未来的不安，这两者之间并没有显著的相关性，也没有明确的因果关系，它们是相互独立的。吃得多可能会变胖，也可能不会变胖。天气冷穿衣单薄，可能会感冒，但是冻死则是夸大其词了。不顾及他人的感受难以让别人有好感，但因此便说会遭到孤立，有点杞人忧天。这些说法是把消极的、不可挽回的极端情况当成了必然会出现的结果。

不安和担心不应该是孩子的事情，而应该是父母的事情。同样，消除这种不安和担心也是父母的责任。与其让孩子不安，刺激到孩子，不如通过冷静的说明，让孩子安心。相比于给孩子灌输对于未来的消极思想，为孩子指引积极的前进方向更加明智。

"每天坚持做算术题的话，数学会渐渐变得很容易、

很有趣。"（安慰）

"对朋友说话的时候，总是说'你要去做……''不许你做……'这样的话不太好。你可以试着对朋友说'你能做……吗？''希望你可以不要……'，这样一来，朋友就会对你产生好感的。"（建议）

"我知道你喜欢玩那个游戏。"（认可需求）
"但是，能让你变聪明的不只游戏，还有学习。所以，你也要拿出时间来学习，让自己变得更聪明。"（建议）

"好吃吗？还想吃对吗？"（认可需求）
"为了你的健康，要注意一下，不要吃太多。"（安慰）

"这件衣服很适合你啊，很好看。"（认可想法）
"但是，今天天气挺冷的。光穿这件衣服的话，你会着凉的。外面再套上一件夹克吧。"（建议）

被孤立、变成废物、胖成猪，这些恐吓在当时可能会起作用，但是，它们的效果只是暂时的。仅仅通过恐吓并不能明确地让孩子认识到他们的行为为什么不值得提倡。一次两次的恐吓可能会起作用，然而时间久了，经常受到威胁的孩子最终会把父母的话当作耳旁风。而且，孩子还可能因为一点点小事就陷入巨大的恐惧。

孩子通过父母来了解世界。父母所展现的形象、说出的话不同，孩子看待世界的眼光就会不同。要想孩子以积极的而非害怕的、不安的眼光去看待世界，父母就要对他们说出赞同的话语。

父母说出的赞同的话语，会在孩子的内心深处慢慢积累，最终成为滋养孩子一生幸福生活的土壤。

赞同的话语 2-3

你怎么又把脱下来的袜子随便乱扔?(追究)
→ 你是因为还不习惯才这样的。(积极的解释)

上小学三年级的孩子因为审题不认真而出错

孩子　咦,这道题为什么错了呢?

妈妈　好好读题!题目中说了选错误的,而你却选了正确的,所以才做错了。犯这种错误也是你能力不足的一种表现。(指责)

上小学四年级的孩子把脱掉的衣服随处乱扔

孩子　妈妈,你没洗我喜欢穿的那双袜子吗?

妈妈　你是不是又把衣服随便乱扔了?我跟你说过多少次,让你把脏衣服放到脏衣篓里。爸爸妈妈已经很累了,你知道吗?(追究)

上小学一年级的孩子写字时没有按照笔画顺序写

孩子　写字好累啊。

爸爸　你得按照笔顺写。听见了吗？给我按照笔画顺序写。

　　　（命令）

上小学六年级的孩子不遵守隔写规则[1]，字都写到一起了

孩子　我作业全都写完了。

爸爸　这都写了些什么啊？等你上了初中，考试的时候也这么写吗？写成这样根本拿不到分数。如果不想得零分，就把字好好练练！（极度悲观的想法）

上小学五年级的孩子不遵守约定，一直在玩游戏

孩子　我就再玩 10 分钟。

妈妈　我们说好就玩 30 分钟的，你怎么不遵守承诺呢？就是因为你总这样，爸爸妈妈才不愿意让你玩游戏。你这么说话不算数，爸爸妈妈没办法相信你。（引发羞耻心）

7 岁的孩子玩棋盘游戏的时候输了，开始放声大哭

孩子　又输了，呜呜呜。

1　指书写韩语时进行空格的规则。——编者注

> **爸爸** 玩游戏本来就有赢有输啊,这有什么好哭的?本想让你尽情地玩游戏,结果你每次都这样。(过度概化/以偏概全)

看到孩子的缺点,父母总想马上纠正。初心是好的,结果却容易说出一些责备、追究、命令或者令孩子感到羞耻的话。

为了不妨碍孩子成长,激发孩子的潜能,父母需要马上停止,避免再对孩子说出消极的话语。望子成龙的父母要想孩子明白自己的真实想法,就不要总抓着孩子的问题不放,而要看到孩子潜在的可能性,对他们说出赞同的话语。

"因为你还没有养成细心读题的习惯,所以才出错的。还是做的题太少了,做多了就会好的。来,我们从题目开始,细心地读一读吧。"(积极的解释)

"因为你还不习惯把脏衣服放到脏衣篓里,所以衣服才没洗。还是把脏衣服放到脏衣篓里的次数太少了,多放几次就好了。我们一起把脏衣服放到脏衣篓里吧。"(积极的解释)

"因为你还不习惯按照笔顺书写才这样的。还是练习的次数太少了，写多了就会习惯的。来，我们按照笔画顺序，慢慢开始写吧。"（积极的解释）

"练字和练习隔写确实不容易。不过经常练习的话，慢慢就会变简单的。来，我们按照隔写规则，好好练一下字吧。"（积极的解释）

"玩游戏玩得正开心时，确实停不下来。刚开始会很难做到，但是渐渐地你就会习惯了。来，你试着凭借自己的意志控制一下玩游戏的时间吧。"（积极的解释）

"本来觉得能赢，但却突然输了，这个结果真的令人很难接受。但是经历的次数多了就好了。毕竟，玩游戏不可能一直赢嘛。"（积极的解释）

如上面的例子所示，积极的解释有一个共同点，那就是父母并没有把孩子的缺点当成问题，而是将其看作他们成长过程中的一个阶段。也可以说，相比于关注消极的当下，这些话更注重期待积极的未来。

"因为不熟练才这样的。"
"因为做得太少了才这样的。"
"这件事很难的。"
"经常做的话,就会变简单了。"

==如果父母说出的是信任孩子的话语,那么即便是经常犯错的孩子,也会变得渴望学习和改变。==即使对孩子的行为不满意,父母依然要用赞同的眼光去看待孩子,这样孩子才能下定决心,不断前进。与其费心紧抓着孩子做得不好的部分,不如努力发现孩子的优点并进行积极的解释。不仅仅是对孩子,父母对自己也应如此。对于阅读这本书的父母,有几句话我一定要告诉大家。

"扮演好父母的角色是一件很困难的事情。但是,努力练习过后,就会有所成长。"
"因为不熟悉赞同孩子的话语才会说不出来,还是经历的次数太少了。练习的次数多了,就可以脱口而出。来,让我们从今天开始练习吧。"

> 父母不要总抓着孩子的问题不放,而要看到孩子潜在的可能性,对他们说出赞同的话语。

> 赞同的话语
> 2-4

怎么每天都这样！（夸大范围）
→ 以后要这样做。（叮嘱）

上小学五年级的孩子用完东西后随处乱放

妈妈　这都第几次了？(联系次数)
　　　怎么总是这样！(加深消极程度)
　　　真是没养成好习惯！(以偏概全)
孩子　不总是啊，我之前用完之后也放回原处过。

本来是想教会孩子"东西用完之后要放回原处"，结果对孩子说的话充满了负面信息。这种夸大消极情况、加深消极想法的话语，在与孩子的对话中是"犯规"的。

偏离对话本质的第一种犯规——夸大消极情况的范围

> "这都第几次了？"（联系次数）
> "你正儿八经做过什么？"（联系过错）
> "你在学校里也这样吗？"（联系地点）
> "你对朋友也这样吗？"（联系人物）
> "像你这样，长大后能干什么呢？"（联系将来）

面对父母的这些问题，孩子会不知该怎样回答。对于"在学校是不是也这样"这个问题，如果回答"是的，在学校也这样"，妈妈的担心会像滚雪球一样越滚越大；如果回答"不是的，在学校不这样，只有在家才这样"，妈妈又会开始追问："为什么只在家里这样？是觉得妈妈好欺负吗？"无论如何，孩子都会感到为难。这种问题容易让孩子无言以对。

跟孩子对话的时候，父母应该只谈论当前的情况。脱离当前的情况，一味追究过去的错误，把过去的错误与当前的情况以及将来的事情联系到一起，一一罗列，这是一种"犯规"，只会偏离对话重点。

偏离对话本质的第二种犯规——夸大消极情况的次数

> "怎么每天都这样?"(夸大频率)
>
> "怎么总是这样?"(夸大频率)
>
> "你一直这样。"(过度概化)
>
> "简直成习惯了。"(过度概化)

"每天""总是""一直",这些词的意思是十次中有十次,一百次中有一百次,没有例外。当指出孩子的问题行为时,如果使用这些频度副词,会把孩子的部分行为夸大为普遍现象。比如孩子可能只是有几次没把东西放回原位,但是这些频度副词会把孩子描述为习惯把东西随处乱放的人。

用这些词来描述孩子的问题行为,可能会引发争吵。孩子只不过是犯了一两次错误,却被安上"每天都这样"的骂名,就容易产生逆反心理。因为只有一次做得不好,就被全部否定,孩子会感到冤枉委屈。

即使孩子做出了错误的行为,那也只是孩子许多行为中的一部分。部分只能被称为部分,不能夸大为全部。尽可能不脱离事实,避免夸大其词,是在对话中要关注的重点。

"东西用完后没有放回原处,这已经不是第一次了,

你知道吧？"（限定次数）

"虽然并不总是这样，但你经常把东西用完后随便一放。以后稍微注意一下吧。"（限定次数）

"你有时候会忘记把东西放回原处。"（限定部分）

"你有时候冒冒失失的。"（限定部分）

妈妈真正想说的话是什么呢？妈妈嘴上进行指责，内心其实是"希望孩子今后不再重复之前的错误"。但是，孩子并不是一直在犯错，有时候他并没有犯错。如果父母非要与孩子争个是非对错，把无关的地点、无关的时间联系在一起指责孩子，那就有点本末倒置了。现在，让我们试着停下一味地指责，向孩子表达自己的真心吧。

"以后把东西放回原处吧。"（叮嘱）

不管怎么叮嘱孩子，孩子仍然不改怎么办？这很正常。因为已经养成的习惯很难改变，大人也是一样。改变习惯需要有充足的时间。一直翻旧账说孩子过去的错误，或者遇事只抓着孩子的缺点不放，不仅于事无补，还会让孩子产生消极的情绪。当务之急是，让过去的事情赶紧过去，不要再耿耿于怀。

在对话中，罗列或者夸大过去的错误是"犯规"的。对话也需要公平公正。所谓堂堂正正的对话技巧，其实很简单，记住两点就好：一是不夸大其词、只传达事实，二是不要攀扯无关当下的事情而偏离谈话主题。

赞同的话语 2-5

擦掉重写！（指责）

→ 作业做完了啊，真棒！（鼓励）

上小学三年级的孩子作业经常拖着不做

妈妈　做作业。（指示）

（看到孩子做的作业后）

这都写了些什么啊？写成这样老师根本认不出来，擦掉重写。（指责）

与上小学一年级的孩子一起遇见邻居家老奶奶

爸爸　问好。（指示）

（孩子问好之后）

再说一遍，大声点，说清楚点。（指责）

> **上小学五年级的孩子房间里乱糟糟的**
>
> 妈妈　自己的房间自己收拾。(指示)
>
> （待孩子整理好房间后）
>
> 既然要整理房间，那就整理得干净一点啊。(指责)
>
> **上小学六年级的孩子一直在玩手机**
>
> 爸爸　不要每天总是玩手机，看看书吧。(指示)
>
> （孩子开始看书）
>
> 不要只看漫画书，读点有用的书。(指责)

希望孩子能够做得更好一点，这是父母的心愿。但问题是，这种心愿会带来指责：孩子好不容易做完作业，却被父母指责字写得潦草；孩子问好之后，却被父母指责态度不好；孩子整理完房间之后，却被指责不够干净；孩子放下手机去读书了，还会继续被指责读的书没有用……站在孩子的角度来看，他们真的非常伤心。因为努力过后，他们并没有得到称赞，反而受到指责。

这些指责会让孩子觉得自己是浑身充满缺点和不足的人。他们会经常纠结于"妈妈为什么每天都批评我？""爸爸为什么每天都发火？"。

当然，既然要问好，说得清楚响亮会更好；既然要写作业，字写得工工整整会更好；既然要打扫房间，打扫得干净、整洁会更好；既然要读书，相比于读漫画书，读一些能学到知识的书更好。但是，俗话说得好，一口吃不成个胖子。正如刚刚开始学走路的孩子，不可能不摇摇晃晃，一下子就健步如飞。要想达到熟练的程度，需要时间和不断地练习。刚开始就期待孩子做得很好，这只能说明父母操之过急。操之过急会带来指责，最终这些指责会压得孩子难以呼吸，丧失自信。

只要孩子开始尝试做一件事，就是一种乖巧懂事的表现，请父母们一定要认可这一点。事情做完后，请不要评价孩子做得好与坏，而是称赞他们能够坚持到底。请父母们学会鼓励孩子，而不要一味地指责孩子。

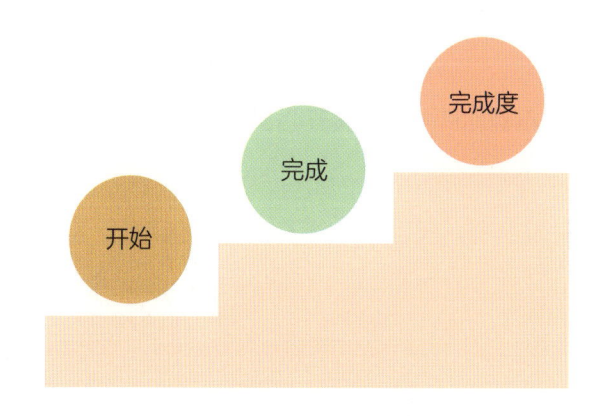

不管做什么事，迈出第一步的孩子便拥有了做完一件事的机会。做的次数多了，孩子便有可能提高事情的完成度。

若想让孩子进入下一个阶段，称赞是必不可少的。首先，孩子开始尝试的时候，请父母给予称赞，接下来，当孩子完成一件事的时候，也请父母给予称赞。等孩子充分具备了开始和完成的经验之后，再评价孩子的完成度也为时不晚。如此，孩子学习的过程便会十分自然，之后父母也不必再催促孩子做得更好一点了。

"见到人懂得问好，真有礼貌。"（对开始表示称赞）

如果一个非常害羞的孩子用特别特别小的声音问好，请父母肯定孩子问好这一举动。当孩子习惯跟别人问好之后，他的声音就会渐渐变大、变清晰。

"看到你读书，我真开心。"（对开始表示称赞）

平时不读书只玩手机的孩子如果开始读书，不管他读的是什么书，都请称赞他。如果能够通过读漫画书感受到读书的乐趣，那么孩子之后也会继续在知识的海洋里遨游。

"作业做完了啊，真棒！"（对完成表示称赞）

作业拖着不做的孩子如果完成了作业，请父母给予孩子鼓励。不要再指责孩子字迹潦草，否则容易让孩子渐渐对写字失去信心。工整的字体以后可以慢慢练成。

"多亏你帮妈妈整理房间，给妈妈减轻了很多负担。谢谢你。"（鼓励）

如果孩子开始尝试做一些之前没有做过的事情，或者持之以恒地把事情做完了，即使孩子仍有一些不足，也请父母睁一只眼闭一只眼。从孩子迈出第一步开始，他就在成长。孩子的成长不可能一蹴而就，不熟练也是成长的一部分。==如果父母能够克服急躁，以从容的心态对孩子的一些小成就进行满含关爱的称赞和鼓励，孩子就能慢慢地获得成长。==

孩子远远达不到父母的标准，一方面是因为孩子不够熟练，另一方面也是因为父母太心急。面对孩子的不熟练，父母的责任不是"纠正"，而是"承担"。

第三步
慈爱的话语默默传递关爱

> 慈爱的话语
> 3-1

说"我错了"!（指示）

→ 知道自己不对的话，就过来抱抱妈妈吧。（建议）

上小学二年级的孩子犯错后一直不说话

孩子　……

妈妈　说说你哪里做错了。（指示）

　　　说"我错了"。（指示）

　　　说"对不起"。（要求道歉）

　　　下次还这样吗？说"下次不了"!（要求做出承诺）

当孩子犯错的时候，父母希望孩子承认错误，并承诺今后不再犯同样的错误。但是，孩子却一句话也不肯说，最终，父母只能催促孩子承认错误。

让孩子明确认识到自己的错误，教育孩子今后不再犯同样的错误，这十分必要。孩子犯错后却马马虎虎一笔带过，这种行为并不值得提倡。但父母需要考虑的是，教育孩子的时候是否只能通过严厉的命令和令人恐惧的训诫。因为温柔的眼神、温暖的话语也能够教会孩子承认并反省自己的错误。

这个时候，需要哪些慈爱的话语呢？

"知道错了的话，就牵住妈妈的手吧。"
"觉得抱歉的话，就过来抱抱妈妈吧。"
"如果你以后会尽量不再这样，就跟爸爸拉钩好不好？"

牵手、拥抱、拉钩等等，这些动作体现了父母对孩子充分的尊重。孩子会因此承认自己的错误，道歉并下定决心改正。站在孩子的立场上，这些话当然比指示、命令、强迫更温暖、更容易接受。

很多孩子不说话，并不是因为他们没有歉疚之心，也不是因为他们不知道自己的错误，而是因为父母冷漠而又严厉的指示让他们感到害怕。即使是大人，在严肃紧张的环境中，也会有说不出来话的时候。

这并不是说，面对孩子的错误父母要一笑而过，只是，考虑到"**孩子的心理接受度**"，这个过程可能会有点复杂，所以请父母站在"**孩子的角度**"上去考虑这个问题。在孩子的内心变得成熟和强大之前,请父母少说一些冷漠的话语,多说一些慈爱的话语。

慈爱的话语 3-2

不要惹爸爸生气！（禁止）
→ 这种时候你能稍微等一下吗？（请求）

---

7 岁的孩子在爸爸妈妈谈话的时候非要插嘴

孩子　爸爸只跟妈妈聊天，不听我说话。哼！
爸爸　闭嘴！不要惹我生气。（禁止引发怒火）

上初一的孩子一整天只躺在床上看手机

孩子　我不想出去。我要在家刷抖音。
妈妈　别再玩手机了。不要让我发火！（禁止引起厌烦）

上小学四年级的孩子挑食

孩子　我不想吃这个。给我做炒饭嘛。
妈妈　老老实实吃饭。不要搞得我这么累！（禁止引起疲劳）

上小学三年级的孩子挑食

孩子　我不想吃菜，我想吃肉。
妈妈　给你做什么就吃什么。别再折腾妈妈了！（禁止折腾妈妈）

　　状态不好或者是压力比较大的时候，对于本来可以一笑而过的事情也会感到生气。而且，我们会把这种怒气宣泄到其他人身上。我们身边亲近的人、值得信赖的人、比自己弱小的人都会成为我们宣泄愤怒的对象。其中，最典型的便是我们的家人，即便是我们深爱的孩子也不例外。

　　遇到别人生气的情况，大人至少能够推测那个人为什么生气，能够通过对话进行沟通，减少不必要的误会。但是，孩子不一样。如果爸爸妈妈说"不要惹我生气"，孩子会认为"原来爸爸妈妈生气是因为我""我好像犯了很大的错误"，会觉得是自己的责任，因此产生莫大的愧疚感。这个时候，孩子为了不火上浇油，只能偷偷观察爸爸妈妈的脸色来做出反应。

　　一个不争的事实是，愤怒也好、厌烦也好、压力也好，这些情绪都需要由本人自己来处理。父母要认识到，产生不良情绪的原因在自己身上，解决问题的办法也要自己来寻找。爸爸的怒气需要爸爸自己处理，妈妈的厌烦需要妈妈自己解决。

当父母的状态不佳时,与其对孩子说出冷漠的话语,不如冷静地向孩子解释自己生气的理由。同时,父母要明确地告诉孩子,自己希望孩子做出什么表现。让孩子明白"原来是因为这样,爸爸妈妈才生气的啊""原来爸爸妈妈生气,并不只是因为我",这十分重要。

"因为你总是在爸爸和妈妈说话的时候插嘴,所以爸爸才生气的。"(说明)

"希望你能尊重爸爸妈妈的谈话时间。爸爸妈妈说话的时候,你能稍微等一下吗?"(请求)

"今天是周末,你却说不想出门,只想玩手机,所以妈妈才生气的。"(说明)

"好不容易今天爸爸也在家,而且天气也很好,咱们一家人一起出去呼吸一下新鲜空气,享受一下亲子时光好不好?"(请求)

"不可能每顿饭都做你喜欢吃的菜。你要是老这么挑剔,妈妈也会很累。"(说明)

"菜都做好了,你却非要吃肉,这样让妈妈感觉很累。"(说明)

"希望你能不挑食，妈妈做什么你就吃什么。"（请求）

父母处理自身情绪的方式不同，与子女之间的关系也会有所差异。如果经常把情绪的箭矢对准孩子，最终亲子关系就会产生裂缝。父母不应该把孩子当作自己愤怒和厌烦的罪魁祸首。这便是对孩子的尊重。

家庭的和睦不是凭空而来的。家人之间也会产生矛盾。生气或者伤心的时候，不要把事情藏在心里，请如实地说出来。==通过冷静地解释，真诚地相互交换意见，家人之间便能维持和平与安定。==

特别是如果孩子看到，父母就算和自己有矛盾，仍然努力维持慈爱的形象和郑重的态度，那么将来不管处于何时何地，他都可以自信地说出"我们的家庭很和睦"。父母们觉得如何呢？这难道还不足以促使我们对孩子说出尊重的话语吗？

慈爱的话语 3-3

吃完了就收拾一下！（命令）
→ 能把碗放到洗碗槽里吗？（请求）

和上小学四年级的孩子一起吃晚饭

妈妈　把自己的碗筷拿到餐桌上来。(指示)

　　　吃完饭，就把碗筷放到洗碗槽里！(命令)

　　　饭是你吃，收拾却要别人收拾是吗？(挖苦)

　　　喝完果汁后，能把杯子放在厨房里吗？都没让你刷干净，只是放到洗碗槽里也做不到吗？(引发愧疚感)

爸爸妈妈做出指示或命令后，孩子即便不愿意也会照着做。因为孩子认为，如果不听话，可能会让爸爸妈妈觉得自己在反抗，从而受到更加严厉的批评。孩子别无选择。

但是，如果经常处在指示和命令的氛围中，孩子会慢慢变得唯命是从。当孩子之后再被强迫做同样的事情时，就会完全失去兴趣。如果没有收到指示和命令，孩子就什么也不会做。最终，孩子会变得十分被动。

相反，在爸爸妈妈的劝导和请求下长大的孩子，能够感受到自己拥有选择权。对于某一件事应该做出怎样的反应，他们会自己做出决定。所以，对于自己选择做的事情，他们能够从中感受到乐趣和价值，进而产生责任感。

"要不要把碗筷放到餐桌上呢？"（劝导）

"吃完饭后，把碗筷顺手拿到洗碗槽里好吗？"（提议）

"把杯子收一下，放到洗碗槽里好吗？"（请求）

"有没有人可以帮忙把装泡菜的饭盒盖好呢？"（劝导）

当孩子接受父母的请求时，父母应该给予孩子积极的反馈。因为，听从指示做事是理所当然的，而答应别人的请求则是值得感激的。

"碗筷摆放得真整齐，给妈妈减轻了好多负担。"

"谢谢你帮妈妈整理餐桌。"

"多亏你的帮助，洗碗变得轻松多了。"

"谢谢你帮妈妈。收拾餐桌变得更轻松了。"

如果说指示和命令是单向的控制,那么请求和劝导则是双向的沟通。通过这种积极的对话方式,我们能够更加温柔、更加亲切地交流彼此内心的想法。

当然,孩子并不总是会欣然接受父母的请求。有时,孩子会觉得麻烦,会由于贪玩而拒绝父母的请求。

"我不想干。"

"好麻烦啊。"

"妈妈就不能自己做吗?"

孩子没有为家人的幸福做出过贡献,所以,他们并不知道"拒绝"对爸爸妈妈来说意味着什么。这个时候,如果父母觉得伤心,对孩子说"算了,不想做就不要做",孩子今后就会更不愿意为家里做事了。无论如何,父母都要借助慈爱的话语引导孩子,让孩子的这种经历不断积累,这样将来即便是再麻烦的事情,他们也会欣然接受。

"你讨厌摆放碗筷很正常啊。确实是有点麻烦。"(认可想法)

"可这是为了家人做事,是在给家里帮忙啊。"(解释)

"妈妈希望你能体会到帮助家人的乐趣。"(劝导)

父母不应该一味地单向付出和牺牲,也需要让孩子帮忙做家务。家务理应是每个家庭成员共同的责任。相比于油瓶倒了都不扶，孩子也会更喜欢能够为家人做出贡献的自己。而且这样做也能培养孩子的自尊和自信。

请给孩子一个机会，让孩子学会成为自己人生的主人，承担自己应尽的责任。只是父母需要意识到，义务和责任带来的负担对孩子而言可能过于沉重，所以请父母从慈爱的劝导开始。当然，劝导的时候父母不要用冷冰冰的命令式话语，而要说温暖的请求式话语。当孩子体会到帮助父母时获得的满足感和为了家人的幸福而努力时获得的充实感之后，他们的内心将会获得进一步的成长。

" 听从指示做事是理所当然的,而答应别人的请求则是值得感激的。积极的反馈来自'感恩的心'。"

慈爱的话语 3-4

你的心情会好吗?（审问）
→ 你的心情会怎么样呢?（提问）

上小学六年级的孩子在房间里跟朋友发消息，以至于妈妈喊吃饭的时候没有回应

妈妈　你不是说肚子饿吗？你说没说过想早点吃饭？(追究)
　　　你现在是在无视妈妈吗？你听没听见妈妈在喊你吃饭？(责难)
　　　如果你是妈妈的话，你现在的心情会好吗？(审问)

爸爸在打电话，上小学二年级的孩子一直在旁边说话

孩子　爸爸，你听我说呀！
爸爸　我在打电话，你却老在旁边说话，你觉得这样合适吗？(追究)

你觉得自己做得对吗？(审问)

"好？不好？"

"行？不行？"

"对？不对？"

有时，我们会向孩子提出一些限制性的、封闭性的问题，让孩子二选一作答。事实上，在答案已经确定好的情况下，这种提问更接近于一种审问。这个时候，孩子会通过看爸爸妈妈的脸色来选择答案，不敢再提出任何意见或想法。

如果只提出一些设定好答案的问题，那么父母与子女之间的对话将很难继续下去，并且孩子也无法获得成长。这种问题向孩子传达的信息是"问题出在你身上"，只会让孩子感受到父母的不开心。为了进一步与孩子展开对话，父母需要警惕这些封闭性的、追究性的和审问性的话语。

不管心情多么不好，在跟孩子说话的时候，请尽量保持一种慈爱的态度。

"如果是你的话，你的心情会怎么样呢？"(提问)

"在爸爸打电话的时候，你应该怎么做呢？"(提问)

与孩子对话的目的，并不单纯是确认某种情况，还有听取孩子的意见，拓展孩子的思维，帮助孩子理清自己的想法，进而培养孩子健康的人格。 向孩子提问时，请父母将这种想法谨记在心。这样一来，孩子也会努力寻找问题的答案。

> **慈爱的话语 3-5**

你到底想让我怎么办？我能有什么办法！（厌烦）
→ 妈妈也有解决不了的事情。（说明）

上小学一年级的孩子在游乐场玩的时候总是喊热

孩子　好热。

妈妈　喝点水吧。（提出解决方案）

　　　（孩子喝完水后继续玩）

孩子　太热了。

妈妈　你跑来跑去的，当然会热啊。安安静静地待一会儿，就不热了。（提出解决方案）

　　　（过了一会儿）

孩子　啊，好热。

妈妈　你一直喊热，到底想怎么样？要是还不行，就直接回家！（厌烦）

69

上小学三年级的孩子坐车的时候一直喊头晕

孩子　头好晕，好恶心。

爸爸　给你打开车窗，吹吹风就好了。(提出解决方案)

　　　(打开车窗通风之后)

孩子　啊，还是好晕。

爸爸　还是感觉晕吗？睡一会儿吧。睡着了就好了。(提出解决方案)

　　　(过了一会儿)

孩子　我睡不着。还是晕。

爸爸　那你想让我怎么办？现在也不能停车，我能有什么办法！(厌烦)

上小学二年级的孩子被蚊子咬后一直在喊"痒"

孩子　好痒啊。

妈妈　给你抹点药膏吧。(提出解决方案)

　　　(抹上药膏之后)

孩子　啊，还是痒。

妈妈　不要挠。越挠越痒。(提出解决方案)

　　　(过了一会儿)

孩子　还是好痒啊。

妈妈　你总觉得痒，妈妈能怎么办呢？(厌烦)

与大人不同，孩子并不擅长缓解自己的不适。当他们感觉不舒服时，就会吵闹、不耐烦。父母心疼孩子，会努力想办法帮助孩子缓解不适，但是孩子不一定明白爸爸妈妈的用心，还会一味地吵闹。这时，父母也会不知道该如何是好，内心从焦虑变得越来越烦躁，最终会对孩子说出一些非常严厉的话。

"所以你到底想怎么办？"
"我能有什么办法！"

针对这种情况，需要明确的一点是，孩子的不舒服是他们自己的事情，需要他们自己忍耐和承受。热、痒、头晕等等，都需要孩子自己来解决。

孩子的不舒服大多是暂时的。玩的时候热，不玩了很快就不热了；坐车的时候头晕，从车上下来之后马上就好了；被蚊子咬过之后感觉痒，被其他有趣的事情吸引之后也会马上浑然不觉了。孩子的大多数不舒服，只要稍微忍耐一下，就会随着时间的推移自动治愈。父母需要沉着冷静地告诉孩子这些事实。

"爸爸妈妈很爱你，不管你遇到什么困难，爸爸妈妈

都想帮你解决,让你轻松一些。"(共情)

"但是,有些事情爸爸妈妈也无能为力,需要你自己忍耐。"(说明)

"不会一直不舒服的。只有坐车的时候会这样。"(区分)

"不会一直痒的。忍耐一会儿就好了。"(解释)

==孩子遇到麻烦就抱怨,可能是因为"年龄小",也可能是因为他们"不知道"。==孩子没有丰富的人生阅历,很难通过现在的情况来预测将来的事情。与其一开始哄逗、安慰,最后却对孩子发脾气,不如自始至终都冷静地教导孩子。如果孩子明白现在的不舒服不会持续很久,他们会更容易接受。父母慈爱的话语能够给予孩子承受痛苦的勇气。

> 跟孩子说话时,虽然没有标准答案,但是有一些话语明显能够更温柔、更好地表达我们内心真正的想法。

- 说话练习之 交流沟通
- 说话练习之 结交朋友
- 说话练习之 学习习惯
- 说话练习之 人格培养
- 说话练习之 日常生活

实战篇

改变孩子习惯的
5 种说话练习

改变孩子习惯的 5 种说话练习

我家老大上小学之前,没有上过学前班,也没有提前学习过小学的知识。虽然我知道女儿对数字不太敏感,但是我觉得小学一年级的数学并不难,女儿学着学着应该就能跟上。

第一学期的时候,女儿还能勉强跟上。第二学期开始学习 10 以上的加减法后,她就显得非常吃力。其他孩子能轻松完成的数学练习题,女儿却不能按时完成,甚至还要占用很多休息时间来写作业。

从那时起,我开始辅导女儿学习。作为一名小学老师,我觉得自己应该比其他任何人都教得更好。然而,大约过了两周时间,女儿对我说:

"虽然我不知道妈妈在学校里教哥哥姐姐们的时候是什么情况,但是,妈妈好像教不了我。"

"什么?教不了你?我吗?"

再怎么说我也是一名教师,所以我对女儿的话感到很疑惑,便问道:

"妈妈觉得很好奇，为什么你认为妈妈教不了你呢？理由是什么呢？"

"理由是，当我听不懂的时候，我们老师都不会对我发脾气。但是，妈妈却会生气，不是吗？所以，我觉得妈妈教不了我。"

女儿的话自有她的道理。妈妈教不好不是因为问题讲不明白，而是因为生气。

"生气吗？我？什么时候？"我很难认同这件事。可能我的态度不够和蔼，声音也不够温柔。但是，我一直把忍耐的"忍"字铭记于心，经常通过深呼吸来平息心中的怒火，所以很难赞同女儿的话。我想弄清楚是我真的生气了，还是女儿过于敏感，便开始把我对女儿说的话写下来。

> "你该从题目开始读。"（指示）
> "看哪呢？别心不在焉。"（禁止）
> "给我注意力集中一点。"（命令）
> "妈妈刚才说过了吧？你这都第三次了。"（评判）
> "怎么你一坐在书桌前就要上厕所呢？"（焦躁）

上面这些话都非常消极、冷漠。虽然我没有提高嗓门冲女儿大吼大叫，但是也没有对她说一句暖心的话，有的只是催促和指责。在女儿看来，妈妈真的好像在生气。

其实说实话，我能教一个小学一年级的学生多少知识呢？无非是多多称赞、鼓励孩子，为孩子营造一个良好的环境，让孩子慢慢爱上学习。然而，我却以辅导孩子为借口，对孩子说出一些消极的话，打击到了孩子学习的积极性。

"啊，我还差得远呢！"

我本来以为自己教得挺好的，听到孩子这么一说，我才发现事实并非如此。

在理论篇中，我介绍了三种表达尊重的话语。虽然这些话语我已经烂熟于心，但是我发现，在现实生活中，自己并不能将它们脱口而出。即使我很清楚这些话的重要性，也曾经反省过，然而一转身，我就会把它们抛诸脑后。我非常后悔自己说话时不加考虑，并花费了很长时间来改正自己的错误。

我们之所以会在遇到某种情况时想不起来合适的话语，是因为我们平时缺乏练习。要想在日常生活中轻松地说出尊重的话语，我们必须多加练习。所以，接下来，让我们一起来了解和练习一下，在各种不同的生活场景下，我们应该说出哪些表达尊重的话语。

在"第一步　说话练习之日常生活"中，我们将了解到，在孩子上学、吃饭、争吵、玩耍、就寝等情境中，父母应该如何跟孩子对话。

在"第二步　说话练习之人格培养"中，我们将学习如何通过对话引导孩子学会谦让、礼貌、与人和解，避免孩子出现疏忽和问题行为。

在"第三步　说话练习之学习习惯"中，我们将进行一些比较实用的说话练习，当孩子不想学习、不想去辅导班、只想玩的时候，父母可以马上用来劝导孩子。

在"第四步　说话练习之结交朋友"中，我们将了解到，当孩子遭到朋友无视的时候、当孩子因没有朋友而感到孤单的时候、当孩子与朋友绝交的时候，我们应该如何劝慰孩子。

在"第五步　说话练习之交流沟通"中，我们将学习到，如何在与孩子交流沟通的过程中，教会孩子使用尊重的话语。

读到前文的内容，很多父母可能已经开始反省"那些错误示例中的话，好像都是自己曾经说过的"。大家不必太自责。只要大家从现在开始不断地练习和实践，孩子受伤的内心同样能够得到安慰。

日常应用比理论学习更重要。无论孩子多大，父母开始这种说话练习都是有用的。所以，请父母们从今天开始、从现在开始练习吧。刚开始可能会觉得有点尴尬，很多话无法轻易地说出口，甚至会突然冒出一句伤害孩子的话，但随着持续地练习，这种失误会越来越少，父母们也会越来越熟练，形成习惯。接下来就让我们通过生活、教育、学习、朋友关系等方面的具体示例，一起来练习表达尊重的三种话语吧。

第一步
说话练习之日常生活

> 说话练习之
> 日常生活
> 1-1

对上学前磨蹭的孩子少点 "快点穿衣服" 的催促

"快点起床。"（催促）

"快点洗漱。"（催促）

"快点吃饭。"（催促）

"快点穿衣服。"（催促）

"求求你，求求你稍微快点吧。"（恳求）

"这样下去你该迟到了。"（威胁）

我基本上每天早晨都会催促要去上学的儿子动作快点。有一天早上催促得尤为厉害，从"快一点"的催促到"求求你动作快一点"的恳求，最终变成了"这样下去你该迟到了"

的威胁。

其实我心里很清楚，不管妈妈怎么催促，孩子都不可能加快速度。不管我说了什么，儿子仍然我行我素，慢悠悠地吃饭、磨磨蹭蹭地穿衣服。儿子不懂我内心的焦躁，仍旧不紧不慢地为上学做准备。

把孩子送到学校之后，我仔细地思考了一下：从早上开始，我到底说了几次"快点"？静下心来想一想，我从容淡定地送孩子上学的日子屈指可数。好像每天早上孩子上学之前，家里都会爆发一场战争。

但是，我为什么这么着急呢？

为什么一定要这么做呢？

因为我担心孩子上学会迟到。人只有在心平气和的时候，才能说出温柔动听的话。内心一急躁，说出的话就会变得很难听。而且，一般情况下，急躁的人是我而不是孩子。我认为送孩子按时到校是妈妈的责任；让孩子穿得整齐一点、吃得饱一点、上学不迟到，这样我好像才算圆满完成了自己的工作。因此，催促孩子动作快点不只是为了孩子，更是为了让作为妈妈的我内心好受一点。

父母的不安往往会演变为对孩子的控制。但父母的不安应该由他们自己来解决，而不是由孩子来承担。对于早上准备去上学的孩子而言，真正对他们有帮助的不是催促和责备，而是充满正能量的话语。

那在早上孩子准备去上学的紧迫状况下，爸爸妈妈说些什么话比较合适呢？对于从幼儿园到小学低年级、从小学高年级到青少年时期以及双职工家庭的孩子，情况是不一样的。

【幼儿园~小学低年级】用确定的"时间范围"代替"快点"的催促

"快点快点"这样的话所营造的氛围比较紧张，而且容易说成习惯，会引发孩子急躁的情绪。父母应该尽量少说，最好不说。

相比于"快点""赶快"这种催促的话语，告诉孩子一个确切的时间范围会更好。听到具体的数字，孩子就会想着一定要动作麻利一点，从而慢慢养成合理规划时间的好习惯。

"快点洗漱。"（催促）
"快点吃饭。"（催促）

↓

"现在是8点10分，你还有20分钟的准备时间。"
（设定时间限制）

> "我们试试 20 分钟之内能不能完成吧？我给你计时，我们来试验一下。"（介绍时间限制）
> "10 分钟之内吃完的话，就不会迟到的。时间还很充裕。"（确认时间限制）

如果孩子还没有学会看时间，请对孩子说"要在长针指到那里之前准备好"。利用肉眼可见的指针帮助孩子理解看不到摸不着的时间，不失为一个好方法。在明确时间范围、培养孩子时间观念方面，钟表能够产生非常好的效果。

> "求求你，求求你稍微快点吧。"（恳求）

↓

> "在长针指到 4 之前完成吧。"（介绍时间限制）
> "长针指到 5，我们就出发。"（确认时间限制）

不过，对于特别容易感到不安、产生压力的孩子，我并不建议父母使用这个方法。因为它就像一个定时炸弹一样，会让孩子的精神时刻处于一种紧绷的状态。对于这样的孩子而言，最重要的是让他们获得安全感。

激发孩子的好胜心也是促使孩子行动起来的方法之一。

> "这样下去你该迟到了。"（威胁）

↓

> "让我们来比一比，
> 你跟妈妈谁收拾得更快一些吧！"（建议）
> "爸爸 1 分钟之内就能换好衣服，是不是非常快？
> 你可能换得比爸爸还快。"（鼓励）

孩子小时候喜欢争强好胜，却无法承受失败。在激发孩子的好胜心时，父母不要赢过孩子，而要适当地调整自己的速度，在一个恰当的时机输掉与孩子的比赛。

【小学高年级~青少年时期】用约定好的"次数"代替无限重复的指示

许多父母每天早上都会唠叨让孩子"起床"，但孩子起床的速度并没有加快。因为，同样的话听多了，孩子会置若罔闻。他们默认自己听到的话都是空话，根本就不会放在心上。当孩子上到小学高年级之后，他们就具有了一定的自我约束力，父母不妨先询问一下孩子的意见，通过沟通确定自己可以唠叨的次数。

> "叫你起床都叫几遍了？
> 每天早上叫你起床简直成了我的工作。"（消极的判断）

↓

> "你希望妈妈叫你几遍再起床呢？"（询问意见）

如果孩子回答"三遍"，父母只需要认可孩子的想法，遵守约定即可。

"起床吧。得准备上学了。"

"起床吧。这是第二遍了。再叫你一遍，妈妈就不再叫你了。"

"起床吧。说好叫你三遍的，这是最后一遍了。妈妈相信你是可以说到做到的。"

按照约定叫过三遍之后，不管孩子起不起床，父母都可以不用再管了。此时父母需要注意的是，控制好自己的急躁情绪，不要出于心急而去责备孩子。"还不快点起床，想干吗？""还在睡觉，你到底想怎么样？""这是不打算上学了吗？"

类似的话，父母需要尽量避免。

如果孩子上学迟到了，责任完全由孩子自己承担，因为妈妈已经按照约定叫他起床叫了三遍。与其让孩子每天早上在唠叨声中无奈地起床，顶着一副愁眉苦脸的表情按时去学校，还不如让他迟到一次，被老师批评，从而得到教训。

如果孩子能够因此学会对自己的行为负责，那么迟到也是一个有意义的经历。

【双职工家庭】"前一天"晚上做好上学的准备

对双职工父母或者职场妈妈而言，早上的时间更加忙碌，因为他们需要同时做好自己上班的准备和孩子上学的准备。爸爸妈妈都去上班后，没有人照看孩子，所以他们更没有时间耐心地等待孩子慢慢准备好。每天早上先在家里参与一场战争，继而再转战到公司，长此以往，父母难免会身心俱疲。

这种情况下，父母应该把问题细分，对孩子上学要做的准备做好细致的规划，尽量在前一天晚上准备好第二天早上要用的东西，比如前一天晚上就跟孩子定好明天要穿的衣服和要吃的早饭，这样第二天早上就能节省时间。

"还不换衣服,你打算干吗?
打算穿着睡衣去学校吗?赶紧去换衣服。"(追究)

↓

"你想穿的衣服昨天已经挑好了吧?换衣服的话,
3分钟时间够不够?"(事前准备、设定时间限制)

"怎么还在发呆啊?赶紧吃饭。"(催促)

↓

"妈妈要去上班了。5分钟之内你要是吃不完的话,
就得自己收拾桌子了。"(事前准备、设定时间限制)

每天上学之前,孩子会因为妈妈的话产生怎样的感受呢?

"我好像做事磨磨蹭蹭的。"

"原来我做事快不了啊。"

"我每天都得挨骂。"

"唉,要被批评了。"

父母习惯性挂在嘴边的"快点",在孩子听来可能是一种指责和胁迫。父母只是希望孩子能够按时到校,希望孩子不会受到老师的责备,但这句话会深深地刻印在孩子的潜意识中,让孩子对自身产生一种消极的认识。

==比让孩子按时到校更重要的事情是,帮助孩子开启美好的一天。==孩子早上出门上学之前,我一般不会刻意关注他们,否则我一定会忍不住唠叨。为了避免自己唠叨,有时我会故意去刷碗或者打扫房间。

如今在我们家,孩子上学之前,我不再冲孩子大吼大叫了,家庭氛围非常和睦。当然,这并不是因为孩子的行动变快了。儿子依然慢悠悠的,速度丝毫没有加快,只不过我不再催促他了。我依然会担心孩子上学迟到,会感到不安,但我会努力克制自己。虽然很累,但这样能营造一个愉悦的早晨。

送孩子出门上学之前,妈妈需要传达的感受不是不安,而是爱。请父母们从今天开始进行这种说话练习吧,让孩子们跳出"快点"的魔咒,健康快乐地成长。

说话练习之
日常生活
1-2

对行动缓慢的孩子少点
"为什么这么磨蹭!"的责备

我们家老二属于说话慢、做事也慢的类型。穿鞋、吃饭、穿衣,这些事都要花费很长时间,从托儿所到幼儿园,每次排队,他总是排在后面。在家里也是,洗手、洗漱、穿衣、吃饭等等,很多日常琐事都需要别人帮忙、需要有人教。

现在想来,抚养我家老二的过程好像就是一个等待的过程。从穿鞋到走到门口,他也能花 5 分钟时间。刚开始我也催促或者吓唬过他,但是后来我就放弃了。因为越催促,孩子好像越不开心,动作也会越慢,就好像是在拍一场慢动作电影。对我来说最困难、最累的事情是,面对慢悠悠的孩子,我还不能发火,只能默默地等待。

小学低年级的孩子在做一些手工作业的时候，比如练字、涂色、画画等，彼此的速度差别特别大，他们小肌肉的发达程度和注意力之间的差异特别明显。小肌肉不够发达的孩子虎口没有力气，就连正确的握笔姿势都很难做到，更别说完成剪纸、粘贴等作业了。

孩子们做作业时，注意力也有所差异。注意力越集中的孩子，做作业的速度越快，作业的质量也越高；注意力越散漫的孩子，越容易随便应付作业，甚至最后无法完成作业。只是，随着年龄的增长，这种差异会渐渐缩小，到了小学五六年级的时候，孩子们做作业就没有明显的快慢差异了。

实际上，每个孩子都有自己特定的成长速度，并无好坏之分。小时候慢一点也没关系，长大后慢慢就能跟上同龄的孩子。比"动作迟缓"更糟糕的是因为此事受到其他人"消极的评价"。

"快点！"（命令）

"为什么这么磨蹭？"（追究）

"一分钟内你要是完不成的话，那妈妈就先走了！"（警告）

"看不到别人在等你吗？妈妈也很累。"（抱怨）

"你在学校也是这副样子吗？"（武断的推论）

磨磨蹭蹭的人容易不受欢迎，在学校里就更是如此了。这意味着，这些孩子在外面会经常被责备。如果他们回到家还要继续遭受责难、警告、胁迫的话，该是多么痛苦。孩子需要承受的负能量过多，会丧失自信心。为了避免发生这种情况，父母应该对孩子说一些温暖的、充满正能量的话。

"慢慢吃。在学校，要跟其他同学步调一致，所以你得快点吃。但是在家里，慢一点也没关系。"（理解）

"我们争取在 10 分钟之内做完吧。"（设定时间限制）

"还有 5 分钟。现在还剩 3 分钟了。"（明确时间限制）

"再加把劲！"（鼓励）

"在规定时间内完成了，真棒！"（积极的反馈）

给孩子设定好时间限制，经过反复数次的教导，即使是行动迟缓的孩子，也完全可以在规定的时间内完成既定的任务。孩子只是慢，并不是不会。孩子会充满自信还是意志消沉，取决于爸爸妈妈是怎么跟他们说话的。

我的性格比较急躁，所以我不太习惯等待。许多时候，我并没有与孩子产生"共鸣"，照顾孩子的心情，反而把"解决"自己的郁闷放在第一位。相比于理解孩子，我更倾向于纠正孩子的想法。现在回想起来，真是对孩子感到十分抱歉。

行动迟缓的孩子需要的是能够理解他们、等待他们、支持他们、不对他们生气、耐心教导他们的人。对于他们而言，能够依靠的可能只有父母了。从父母那里获得的鼓励、鼓舞和支持，将会成为他们最珍贵的资源和最强大的力量，帮助他们改善这个不足之处。

> 说话练习之
> 日常生活
> 1-3

对不爱吃饭的孩子少点"不许把饭菜掉到桌子上,快吃!"的警告

抚养孩子是一个非常辛苦的过程,但若要问其中最让父母感到辛苦的事情,很多父母都会说是担心孩子吃得太少。我们家的孩子差不多也是这样。女儿和儿子都不爱吃饭,胃口真的很小。只要不觉得饿,他们吃不了几口就会说吃饱了。不只是饭菜,冰激凌、点心也是一样。吃饭的时候总是没什么食欲,饭在嘴里也不嚼,只是含着。听说爱吃饭的孩子那气势好像连碗都要吃掉,可我家孩子为什么这么不爱吃饭呢?我真是百思不得其解。

> "不许含着。嚼一嚼,咽下去。"(指示)
> "赶紧吃。吧唧吧唧!咕嘟!"(命令)

孩子不好好吃饭时,出于心疼,我很难控制自己,会忍不住对孩子说一些指示或者命令的话。但很多时候,在我的叹气声和严厉的注视中,过了30分钟,孩子依然没有吃完饭。特别是早上,孩子可能没有胃口,会干脆不吃早饭。

让我觉得心烦的不只是孩子不爱吃饭,还有他们吃饭的时候非常不小心,经常把水杯打翻,甚至还会把饭碗和汤碗掉到地上。孩子并不是故意的,所以没必要去责备他们。虽然我觉得孩子没受伤、碗也没摔破已经很好了,但是每次吃饭都要收拾一片狼藉的饭桌,我真的很难保持好言好语。如此一来,每次吃饭都要和孩子折腾一番,令人筋疲力尽。

> "没给你盛多少。不许剩下,都吃掉吧。"(禁止)
> "不要老把饭菜掉桌子上,快点吃。"(警告)
> "又掉了。小心点不行吗?"(指责)
> "赶紧把饭吃完。"(命令)

每次吃饭都会不停地受到指责,此时孩子内心的想法是什么呢?他们会因为吃了美味的饭菜而感到幸福吗?他们会觉得能够吃饱很幸运吗？恐怕不会。孩子会觉得自己动作慢吞吞的，会觉得自己没有好好吃饭，会觉得自己做得不好。孩子会感到吃饭是一件痛苦的事情。

当然，教会孩子餐桌礼仪和端正的态度是很重要的。若孩子长大成人后还经常将饭菜掉在桌子上或者剩下食物，想想就让人觉得头大。但是，在教育孩子正确拿筷子等餐桌礼仪的同时，让孩子踏实开心地吃饭也是很重要的。毕竟大人自己也想没有压力、安心地吃个饭。

"没给你盛多少，不许剩下，都吃掉吧。"（禁止）

↓

"你看看这些行不行？多的话给你舀出来一点，少的话，再多给你盛一点。"（询问意见）

"又掉了。小心点不行吗？"（指责）

↓

"因为还不太会握筷子才这样的。时间长了就好了。来，我们别剩下，都吃完吧。"（积极的解释）

> "（吃饭的时候）不许掉，都吃掉。"（警告）

↓

> "（吃完饭之后）用湿巾擦擦自己吃饭的地方吧。"（劝导）

大多数孩子在吃饭时也并不想把饭菜掉到桌子上，只是心有余而力不足。这个时候，相比于命令和指责，给孩子一个机会、让孩子吃完饭后自己清理掉在桌子上的饭菜，效果会更好。孩子感受到收拾桌子的麻烦，之后就会更加留意，尽量不再把食物掉在桌子上。

等孩子长大一点，把碗打翻或者是把菜掉出来的情况自然会减少。在饭桌上显得笨拙、不熟练，这是成长的必经之路，父母不必过于不满和急躁。指示听多了，孩子会感到力不从心。无法遵循指示做事的孩子会产生一种日渐增加的无能感。因此，希望父母们减少一些指示和命令，用充满爱意的对话和微笑来点缀这段珍贵的相处时光，让孩子们至少在家里吃饭的时候能够感觉轻松些。

==比教会孩子餐桌礼仪更重要的是，每天能够享受和孩子==

一起吃饭的快乐时光。 因为过于关注孩子吃饭是否利索、是否不掉菜而浪费和孩子愉悦相处的宝贵机会,这是多么可惜的事情啊。是否应该在轻松愉快的吃饭时间训练孩子的吃饭技能,本身仍是一件值得我们再去讨论和思考的事情。

> 说话练习之
> 日常生活
> 1-4

对经常吵架的孩子少点 "别吵了！住嘴！" 的逼迫

上小学二年级的弟弟和上小学四年级的哥哥为了吃零食而争吵

弟弟　哥哥，给我一个果冻吧。

哥哥　不要。吃你自己的。明明你自己有，为什么还要我的呢？

弟弟　哥哥真是个小气鬼！

哥哥　嗯？我才不是。

弟弟　妈妈，哥哥是个小气鬼，还说我坏话。

哥哥　不对吧？是你说我坏话吧？现在你没话说了吧？

弟弟　呜呜呜！妈妈！

子女经常吵架，父母会觉得很累。光是听到孩子们吵吵闹闹的声音，父母就会心烦不已。孩子都会强调自己的想法，希望父母能够理解自己，而向每个孩子解释他们各自的想法并让他们互相理解，是十分困难的。有时还需要适当地教育一下孩子，真的特别令人头疼。

> "你们是冤家吗？"（指责）
>
> "每天都吵架，真是受够你们了。"（抱怨）
>
> "别吵了，住嘴！"（压迫）
>
> "你为什么要哥哥的果冻？吃你自己的不行吗，为什么老是想着别人的？"（消极的判断）
>
> "做哥哥的连一个果冻都不能让给弟弟吗？你对朋友也这么小气吗？"（消极的推测）
>
> "以后再也不给你们买果冻了！"（警告）

妈妈先是指责，继而加上了警告和禁止，表面上是在劝架，事实上主要是想压制争吵。孩子们看似安静了下来，但他们的不开心并没有得到缓解。所以，父母可能还会听到孩子们继续争吵。

哥哥：（伤心地说）"就是因为你，现在都吃不上果冻了。"

弟弟：(小声地说)"胡说！都是因为你不让步，妈妈才不给我们买的。"

对于吵架的孩子，父母应该怎样说话呢？

第一，认同孩子的感受，纠正孩子的行为
父母需要认同孩子的需求和感受，但是要及时纠正孩子的错误行为。孩子一般都是以自我为中心的，缺乏委婉表达内心想法和共情的能力。所以，父母需要通过"话语"这面镜子，帮助孩子们互相理解。

对弟弟

"你也想吃一个哥哥的果冻吗？你好奇哥哥的果冻是什么味道的，对吧？哥哥不给你，所以你很伤心，对不对？"(认可需求)

"但是，再怎么伤心，也不能骂哥哥是小气鬼。"(纠正错误行为)

对哥哥

"弟弟骂你是小气鬼，你自然会生气。"(认可感受)

"但是，'不对吧？''是你说我坏话吧？'这种语气有

点让人讨厌,就好像是故意提高嗓门儿嘲笑别人一样。"
(纠正语气)

第二,摈弃消极的判断,发现并认可积极的想法

消极的话语会使孩子更加烦躁,深化矛盾。解决争吵的关键在于积极的对话。当自己那些没有准确表达出来的积极想法被父母理解和认可时,孩子感受到的伤害也会消失。

对哥哥

"如果弟弟没有果冻的话,你就会欣然给弟弟一个。因为弟弟有,所以你才不给,这不是小气。"(积极的解释)

对兄弟俩

"从你们的表情能看出来,你们也觉得对彼此感到抱歉。"(积极的解释)

"那么,互相说声'对不起'吧。"(劝导和解)

对弟弟

"如果以后想尝一尝哥哥的果冻,不要直接找哥哥要,可以拿你自己的和哥哥换。"(提出解决方案)

父母都希望孩子们可以和睦相处，而这需要一定的时间。等孩子们开始交朋友，学会尊重他人时，他们就会开始互相理解，产生共鸣。只是，在孩子成长到这一时期之前，父母需要利用自己的智慧，隐藏自己消极的情绪，去发现孩子受伤的情感。父母在中间做好调节，孩子才能不厌烦对方，从而在成长的过程中，把兄弟姐妹当作无比珍贵的家人。

而且，希望父母们知道，孩子们之间的争吵并不是只有坏处。==争吵也是一个机会，能够培养孩子解决矛盾的能力以及融入社会的能力。==父母认可孩子的需求和感受的话语、父母积极解释孩子意图的话语、让孩子感受到父母关爱的慈爱的话语，能够帮助他们积累与人和解的经验，让他们今后即使和其他朋友吵架，也能有智慧去解决矛盾。

说话练习之
日常生活
1-5

对不听话的孩子少点
"你就住在游乐场吧!"的违心话

> "你就住在游乐场吧。妈妈先回家了。你好好玩吧。拜拜!"(违心话)
>
> "怎么还不快点跟上来,想要干吗?"(双重约束)

即使在外面已经玩得很尽兴,孩子有时也会吵着再多玩一会儿,不想回家,这时父母的确很难办。如果孩子固执地要玩到吃晚饭的时间,父母等着等着就会不耐烦、生气。最终,父母经常会抛下一句"你就住在游乐场吧",开始往家走。但是,如果孩子不跟上,父母则会转过身反问"怎么还不跟上来"。父母的前言后语是矛盾的。

父母经常会对孩子说这种自相矛盾的话，心理学上称之为"双重约束"（double bind）。

> "不想吃就别吃了！饿着吧。以后不给你做饭了。你要是长不高，也不关我的事。"（违心话）
>
> （过了一会儿）
>
> "再吃5口就不吃了，好吗？"（双重约束）
>
> "都扔掉吧！辅导班也别去了，作业也别做了。啥都别干了。"（违心话）
>
> （过了一会儿）
>
> "下定决心的话，马上就能做完了。快点做吧！"（双重约束）

父母在孩子不听话，或者与孩子沟通不畅的时候，容易说一些自相矛盾的话。孩子听了会感到非常混乱，不知道该怎么办，很不安。

父母如果在气头上说了一些违心的话，就要再一次向孩子表达自己的真心。==虽然说出的话无法收回，但是可以弥补。==跟孩子解释之前说的话并不是真心话，孩子会接受，并感到安心，从而脱离混乱状态，走上前去抓住爸爸妈妈的手。

"妈妈说的并不是真心话。妈妈怎么可能把你丢在游乐场里自己走呢。因为你一直不走,很任性,妈妈一生气才说了一些违心的话。来,牵着妈妈的手,我们一起回家吧。"

"不给你做饭并不是妈妈的真心话。因为你不吃饭,妈妈觉得伤心才这样说的。妈妈希望你多吃饭、快快长高。这才是妈妈的真心话。"

"妈妈一生气说了一些违心的话。都扔掉并不是妈妈的真心话。妈妈希望你做事不拖拉,能够坚持到底。"

我们并不擅长向孩子表达自己的内心,所以需要刻意练习。那么,何不从练习停止说违心的话开始?

> 父母如果在气头上说了一些违心的话，就要再一次向孩子表达自己的真心。虽然说出的话无法收回，但是可以弥补。

说话练习之
日常生活
1-6

对不睡觉的孩子少点"赶紧睡觉!"的恐吓

8岁的儿子躺在床上不睡觉,一直在说话。儿子玩了一整天,只要闭上眼睛,5分钟之内肯定能睡着,但他好像不想睡觉,一直在问一些无关紧要的问题。

"明天再问吧。"

"闭上眼睛数到10,1、2、3……"

我试着这样引导儿子,但没有任何用处。数到5后,他再次睁开眼睛,开始说话。儿子躺在床上已经半个多小时了,却一直都没有睡着,渐渐地我开始烦躁起来。最后,我说出了一句自己都感到很陌生的话。

"妈妈要生气了。别说了,闭上眼睛,赶紧睡觉!"

听到我的话,儿子吃了一惊,问道:

"为什么?为什么要生气呢?"

儿子看起来非常茫然。

"为什么,嗯,嗯……"

我本打算告诉儿子理由,但是我没有说。"你睡着之后,妈妈才能睡觉,你不睡觉,妈妈也没办法睡觉,所以才会生气。"这样说显得我很自私,我说不出口。"你睡着之后,妈妈才能去干成堆的家务活,逛逛购物网站,买点零食和生活必需品。"这样说也让我觉得有点理亏。

"妈妈不是生气,只是希望你赶快睡觉。现在不是很晚了嘛。到睡觉的时间了,你还不睡觉,妈妈才想让你赶紧睡觉。"

"那就是没有生气。但是,妈妈为什么说自己要生气了呢?"

"啊,妈妈以为自己生气了。但其实妈妈没有生气。妈妈也不太清楚自己的心情。"

"那么妈妈没有生气对吧?那我现在该睡觉了!"

得知妈妈并没有生气,儿子安心了,很快就睡着了。我确实没有生气,只是希望他能够快点睡觉。原本把自己的想法说出来就可以解决的事情,我却差点就冲孩子发火了。

孩子睡得晚，妈妈也会很累，因为妈妈要在孩子睡着之后才有自由休息的时间。但是，如果妈妈因此而对孩子发火，孩子就会在妈妈冰冷的眼神和严厉的命令声中结束这一天，带着妈妈威胁的话语进入梦乡。这是一件很悲伤的事情。

其实，父母只是为了让孩子快点睡觉而着急，并不是真的想要对孩子进行可怕的语言暴力。然而，要想让孩子安静地、自然地入睡，妈妈就不能催促孩子。请父母们尝试通过积极的对话，让孩子们在睡前想起值得感激的事情、幸福的事情、喜欢的事情，开开心心地结束自己的一天。

"今天你觉得哪些事情让你感到幸福啊？"
"来，跟妈妈说一下今天让你开心的三件事情吧。"
"妈妈先来说一下今天让我觉得感激的三件事情。"

孩子一天之内发生了什么事情，父母不可能全部知道，也不可能加以控制。而孩子躺在爸爸妈妈怀里准备睡觉的时间，则可以由父母来掌控。为了孩子的成长发育，让他们早点睡觉非常重要，但是让他们怀着快乐的心情入睡也同等重要。

"传达爱的时候,没有什么是比爸爸妈妈的话语更重要的了。"

第二步
说话练习之人格培养

说话练习之
人格培养
2-1

对不懂得谦让的孩子少点
"怎么这么自私?"的责骂

我女儿比我儿子大四岁,这让我在养育孩子的过程中省去很多麻烦,但是对女儿我感觉非常抱歉。因为从她弟弟出生的那一刻开始,她好像就成了一个大孩子。

> "让着点弟弟!毕竟你是姐姐,弟弟还小。"(指示)
> "你怎么这么自私,让着点弟弟都不行?"(责骂)

9岁的儿子现在看起来还像个小孩子,但是女儿从5岁开始就表现得像个大孩子一样了。不仅如此,而且两个人一吵架,我就要姐姐让着弟弟,甚至批评姐姐太自私。这样的事情我的确做了太多太多。

　　当然，无论是在家里、学校里还是社会中，孩子都需要懂得关怀和谦让别人。但是，强迫孩子无条件地谦让别人，会给孩子的内心留下无法愈合的伤口。

　　那么，如何教育孩子谦让别人会比较好呢？

第一，说明谦让别人的理由

　　不要让孩子无条件地做出让步，要告诉孩子谦让别人的益处。

　　"谦让是对别人的帮助和关怀。你谦让了别人，别人做事就会更方便。"（说明）

第二，确定谦让的原则

　　虽然谦让是一种美德，关怀他人是一种值得表扬的行为，但是一切都需要适度。不是什么情况下都需要无条件地谦让。要让孩子学会区分哪些情况需要谦让，哪些情况即使不谦让也没有关系。对于孩子想要的东西，父母需要教会他们坚守自己的立场。懂得守护自己珍视之物的孩子也能体会到分享的快乐。

"并不是在所有的情况下你都需要谦让。如果是你非常渴望的东西,或者无法割舍的东西,不谦让也没关系。"(区分)

"但是,如果你想帮助别人,或是不介意改变自己的想法,那我希望你可以欣然做出让步。"(劝导)

第三,当孩子谦让的时候,给予他们积极的反馈

孩子谦让别人时,容易感到不舒服——大多不是因为对谦让别人感到委屈,而是因为其他人那种理所当然的态度。当爸爸妈妈觉得哥哥理应谦让弟弟,而弟弟也觉得他理应得到哥哥谦让的东西时,哥哥就会感到不爽。

所谓谦让,指的是为了别人而放弃自己想要的某些东西。即便是再小的东西,主动放弃也并非易事。对孩子这种高尚的内心,父母要予以认同。

"谦让别人并不容易。"(认可)

"对你来说应该挺难的,但非常感谢你出于一片好意而做出的让步。"(鼓励)

谦让并不是一个完全愉悦的过程。虽然不容易,但是通过努力,孩子最后能够做出让步。而且,通过他人的感

谢和父母的称赞，孩子能够获得积极的情绪体验。==这样他们就能从心里认识到，谦让别人不是一件坏事，而是一件好事。==

谦让是与人相处时必须具备的一种品质，只考虑自己的孩子不管走到哪里都不会受欢迎。但是，孩子很难下定决心为了别人放弃自己的利益，所以父母要以身作则，让孩子体会到谦让和关怀别人的快乐。

说话练习之
人格培养
2-2

对不打招呼的孩子少点
"好好打招呼!"的指责

父母通常都希望自己的孩子彬彬有礼。不仅懂礼貌的孩子走到哪里都会受欢迎,父母也能因此赢得赞誉。

> "要打招呼啊。"(指示)
> "见到长辈要先打招呼。"(要求)
> "在大人面前要乖一点。"(命令)
> "你这么没有礼貌,爸爸妈妈都跟着丢脸。"(指责)

如今的父母们看起来好像并不太在意孩子的礼貌问题,但实际上,他们内心都是非常希望孩子有礼貌的。不过,教孩子讲礼貌的方式很关键。不能因为自己的意图是好的，就不注意自己的说话方式，总给孩子下指示或命令。

对于孩子一生中需要懂得的礼貌，到底应该从哪里开始教？又要通过什么样的方式教呢？

第一，用具体的规范说明代替模糊的指示

"端正""谦逊"这样的形容词会让孩子感到迷茫。告诉孩子在遇到一些具体的情况时应该遵守哪些行为规范，会更有效果。

"打招呼的时候，能够向别人传递一种愉悦的心情。所以，见面或者分别的时候，一定要跟人打招呼。"（说明打招呼的必要性）

"跟人打招呼的时候要面带微笑。虽然没有规定谁先打招呼，但若是年纪较小的你先打招呼，对方会很开心地回应的。"（介绍打招呼的方法）

第二，孩子感到害羞的时候，不要加以指责

孩子很容易害羞。即使是碰到喜欢自己的老人家，孩子也会羞羞答答地躲在爸爸妈妈身后。这个时候，父母容易指责孩子，让孩子大大方方地打招呼。但是，打招呼的态度不仅跟家教有关，更跟孩子的性格有关。很多羞于打招呼的孩子只是性格比较内向腼腆，而不是不懂礼貌。

对于内向的孩子，如果父母指责他们打招呼的声音小，想要加以纠正，就是过度地控制。如果父母连孩子的性格都想要纠正，就会变得很累，孩子也会因为害怕而不敢见人，跟孩子打招呼的人也会觉得不舒服。

"大点声啊。"（命令）

↓

"觉得害羞是吗？
打招呼有时候确实挺让人尴尬的。"（理解）

"大点声，挥挥手，热情一点，
我没教过你吗？"（指责）

↓

"要是能大点声就更好了，
不过声音小点也没有关系。
只要打了招呼就行啦。"（鼓励）

第三，父母要以身作则

父母是孩子的榜样。孩子会学习爸爸妈妈跟别人打招呼的样子。行为示范比言语说教更有效果。

"为什么不打招呼？见到长辈要打招呼。"

没有打招呼的话，不仅是孩子，父母也会觉得丢脸，所以会下意识地指责孩子，催促孩子。其实这时不如对孩子说：

"第一次见面，确实会因为害怕想躲起来。但是，下次再遇见的时候，我们尝试一下开开心心地打招呼吧。"

==或许是声音很小，或许是躲在了爸爸妈妈身后，但是不管通过什么方式，只要孩子打了招呼，就是值得表扬的事情。==只要父母不严厉地指责和指示孩子，而是亲切热情地告知和教育他们，并以身作则，未来总有一天，孩子会主动大声地跟别人打招呼，变得惹人喜爱。

> 只要父母不指责孩子,而是以身作则,未来总有一天,孩子会主动大声地跟别人打招呼。

说话练习之
人格培养
2-3

对经常丢东西的孩子少点"这都第几次了？"的斥责

儿子放学回到家，我打开他的书包一看，没有看到老师写的反馈信。打开他装鞋的包一看，我的天哪，鞋也不见了。丢铅笔、丢橡皮我已经见怪不怪了，有时甚至整个笔袋都给弄丢了。即使把儿子的东西写上他的名字，即使再怎么叮嘱他不要丢东西，他也没有丝毫改变，只有我的担心在与日俱增。

孩子丢东西，一两次的话，父母还可以理解孩子，安慰孩子说没关系，但是天天丢，父母就很难不发脾气。

> "妈妈跟没跟你说让你好好拿着？"（唠叨）
>
> "这都第几次了？"（斥责）
>
> "你一天天都在想什么呢！"（引发愧疚感）
>
> "妈妈什么时候才能不用天天跟着你，给你收拾烂摊子啊？"（抱怨）
>
> "买来的东西不好好保管，为什么还要买？"（训斥）
>
> "你都几年级了，还能把整个笔袋都弄丢？"（引发羞耻心）
>
> "就是因为你要什么就给你买，所以你才根本不懂得珍惜！"（急躁的判断）
>
> "这是最后一次。你要是再弄丢就不给你买了！"（威胁）

现在孩子的生活确实比我们以前富裕很多。他们可能不太懂得节约，但这并不代表他们不珍惜自己的东西，丢了东西一点都不心疼。

孩子反复丢东西之后，一些父母干脆不再给孩子买新的学习用品，希望他们得到教训，从而改掉这个坏毛病。然而，铅笔、橡皮、彩笔、签字笔，学校里不会缺少这些东西，孩子自己没有，他们也可以向朋友借。所以，父母的这种做法是无效的。

唠叨、威胁、抱怨、斥责，甚至真的不给孩子买新用具，都无法让孩子改掉爱丢东西的坏习惯，那么，我们应该怎么做呢？

第一，提醒孩子，自己的事情自己做

孩子不懂得收拾自己的东西，父母会很郁闷，所以天天跟在孩子身后，帮他们把口罩挂起来，把袜子扔到脏衣篓里，给他们拿饮料。但是，当孩子习惯了一切由父母代劳后，就更不会自己动手了。因此，哪怕父母这个时候有点烦闷，也要引导孩子自己的事情自己做。当孩子懂得了这个道理后，他们的行为就会发生变化。

"口罩该放在哪里呢？"（提醒）

"书包该放在哪里呢？"（提醒）

"书架空了，书读完了就把它放回去吧。"（引导）

"脏衣篓正在望眼欲穿地等着你的袜子呢。"（引导）

如果父母觉得等待孩子自己动手去做很麻烦，从而代替孩子去做，那孩子将永远学不会独立。父母应该劝导孩子做好自己的事情，只是说出的话不应该是斥责和唠叨，而应该是亲切的引导。

第二，区分哪些情况下应该批评孩子，哪些情况下不应该批评孩子

除非东西真的丢了，否则父母一般都知道孩子把东西放到哪里了。批评过孩子之后，父母通常还会帮孩子把东西找出来。于是，不管父母怎么批评孩子，孩子也无法改掉丢东西的习惯。

请父母们考虑一下：如果孩子觉得只要暂时被批评一下，东西就能轻轻松松地找到，谁还会在责任感的驱使下，自己收拾好东西呢？

孩子真正的错误不是"丢了东西"，而是"甚至不知道自己的东西弄丢了，没有想过去寻找，也没有付出努力去寻找"。父母需要明确教会孩子的是"负责任的态度以及懂得珍惜自己的物品"。

"东西已经丢了，再自责也无济于事。"(理解)

"但是，东西丢掉之后你没有努力去找，这是你的问题。"(区分)

"丢了东西之后，你一定要去你之前到过的地方找一找，去学校失物招领处看看有没有人捡到。"(纠正)

"东西并不是你故意丢掉的，是在你不知道的情况下

弄丢的，这件事情我理解。"(理解)

"但是，东西丢了之后你竟然不知道，这就有问题了。自己的东西自己要好好保管。"(区分)

"下车的时候，要看看自己有没有把东西落在车上。"(教导)

"如果东西一直放在同一个地方，就不会找不到或弄丢了。以后尽量把东西放在一个固定的地方吧。"(纠正)

我女儿也是那种不会把东西放到固定的地方、经常丢三落四的孩子。从她上小学一年级开始，我每天都会给她准备三支铅笔，但是等她回到家的时候，却总是只剩下两支。从学习用品到鞋子、雨伞、儿童手表、外套，女儿弄丢过很多东西。小学低年级的时候，女儿一直都是这样冒失的性格，丝毫没有改善的迹象，对此我非常焦心。但是我觉得，丢了东西之后，女儿自己心里应该更不舒服，所以我并没有去责备她，而是引导她去寻找丢掉的东西。就这样过了好几年。

现在女儿上六年级，已经能把自己的东西收拾得非常有条理了。哪怕有东西突然不见了，她也能很快就自己找到。我现在才发现，对于看似不会变好的习惯，只要给孩子一定的时间，耐心等待，情况也会逐渐得到改善。

==唠叨、追究、斥责、抱怨，都只能告诉孩子他们做错了什么，而不能告诉他们该如何改正自己的错误。==教育的核心是培养孩子"解决问题的能力"，不让孩子被问题难住。如果想让孩子成长为一个能够积极解决问题的人，从现在开始，父母就不要再指责和批评孩子，而要理解、引导孩子，默默等待孩子的成长。

说话练习之
人格培养
2-4

对惹麻烦的孩子少点
"不要给别人添麻烦!"的模糊的禁止

"不要给朋友添麻烦。"(模糊的禁止)

"对老师要讲礼貌。"(模糊的指示)

"不要在学校惹麻烦。"(模糊的指责)

父母们都希望自己的孩子不要惹麻烦,不要给其他人带来困扰,健健康康、品行端正地长大。所以,一发现孩子的行为有问题,父母就想马上纠正。可问题是,在这个过程中,父母非常容易说出一些指责、指示、禁止的话。这些话太过消极和模糊,孩子很难理解。当孩子听到这些话的时候,他们可能并不会考虑如何去改正自己的错误,而是感觉极度委屈和难过。

接下来，我们详细看一下指责、指示、禁止的话语会给孩子带来什么样的影响。

第一，孩子会越来越消极

听到父母说"不要给朋友添麻烦"，孩子会想"原来我是一个给朋友添麻烦的人"；听到父母说"对老师要讲礼貌"，孩子会想"原来我是一个不讲礼貌的人"；听到父母说"不要在学校惹麻烦"，孩子会想"原来我在学校里只会惹麻烦"。不管本性多么开朗，经常受到父母这样的指责，孩子都会变得越来越消极。

了解到这些情况之后，父母们有什么想法呢？有没有在反思自己无心说出的话会让孩子备受打击呢？虽然父母们只是想要纠正孩子的问题行为，培养孩子端正的品行，但做法很可能会伤害孩子的自尊心，所以一定要注意。

第二，孩子会难以确定标准是什么

是在给他人添麻烦还是对人很有礼貌，这些行为的标准都是主观的，会视对象和情况的不同而发生改变。例如，如果询问孩子什么是讲礼貌，孩子给出的回答会是五花八门的。一些孩子觉得是要好好跟人打招呼，一些孩子觉得是大人问话的时候要大声回答"是",还有一些孩子觉得是不顶嘴。如此,礼貌的标准非常模糊。孩子为了不受到责备,通常只能看大人的脸色行事。

人是群居动物,人与人相处时不可能不在意别人的看法。只是,过于在意别人的看法,反而会让自己受到影响,无法做出正确的判断和行动。"这样做会不会被责备?""别人会怎么想呢?"这种自我反省也会成为日常生活的一部分。

生活中如果别人所占的比重增大,自己所占的比重就会减小。为了不给别人带来麻烦而费尽心力,最后反而会处处受到别人的束缚。过于在意他人看法的孩子,会很难去主宰自己的人生。

大人知道什么样的行为会给别人带来麻烦,但是孩子并不清楚。孩子只是隐约知道自己做错了什么,却并不知道该如何改正。这个时候,父母需要站在孩子的角度告诉孩子正确的做法。相比于晦涩的、令人茫然的禁止,父母们更应该跟孩子说一下具体的做法。

重点是让孩子学会区分正确的行为和错误的行为。要具体、明确地告诉孩子,哪些行为可以做、哪些行为不可以做。在此过程中,父母也可以思考如何不断优化自己的说话方式和行为。

"别人不想做的事情,不要强迫人家。否则就不是好意,而是给人添麻烦了。"(明确的行为规范)

"到学校的时候,要先跟老师问好。"(具体的行为规范)

"即使好奇,也要等到老师讲完之后再提问。不能打断别人讲话。"(具体的行为规范)

"生气的话就说自己生气了,绝对不能踢桌子、骂人。以后不要再这样了。"(明确的行为规范)

孩子经常会受到别人的评价。同学的家长、小区的邻居,甚至是地铁上的邻座都会评价孩子的言行举止。这个群体已经很庞大了,父母没必要再加入其中。相反,父母要成为替孩子遮风挡雨的大伞,在孩子因为别人的评价感到痛苦的时候,拥抱和安慰孩子。

==指责只是指出孩子的错误,而教育应是帮助孩子改正错误。==言传不如身教。父母不要总抓着孩子的问题行为不放,而要用正确的言行举止为孩子做出示范,这样孩子才能反省自己,改正不足。

> 说话练习之
> 人格培养
> 2-5

对不遵守秩序的孩子少点"下来!后面还有人等着!"的命令

很多孩子是"秋千迷",去游乐场时,对滑梯或者跷跷板等都不感兴趣,只想荡秋千。如果没有其他孩子等着要玩,孩子独占秋千也没关系,但是大多数时候,那里都围满了孩子。每个游乐场都不止一个秋千,少则两个,多达四个,可依然不够孩子们玩。看到孩子因为不想从秋千上下来而放声痛哭,父母既心疼孩子,又要承受周围人的压力。

此时此刻,父母们该说些什么呢?

第一,告诉孩子"顺序"这一概念

年龄稍微大一点的孩子,因为在幼儿园或者学校里学习过如何遵守规则，所以他们懂得谦让和关怀别人。但是，没有体验过集体生活的孩子只会关注自己的需求，即使别人正在荡秋千，也会吵着要自己先玩。这种情况非常多见。有的孩子甚至会紧紧抓住秋千的绳子，让上面的孩子离开，有时还会放声大哭。这个时候，请父母对孩子说：

"虽然你想先玩，但这做不到。我们必须按顺序来。要让排在前面的小朋友先玩，等他下来之后，你才能玩。"
（说明顺序）

不管孩子怎么哭闹，父母都不能打破原则。父母有义务让孩子明白，他们的行为可能会给别人造成困扰。

年龄小的孩子容易以自我为中心，觉得自己喜欢的就是对的。因为这些孩子，本来应该充满欢笑的游乐场最终会变成一个战场。规则其实很简单，按照先来后到的顺序等待荡秋千即可。如果孩子不理解，父母就要想办法说通。只要孩子接受了"顺序"这一概念，就不会再追究谁不谦让，也不会强制别人做出让步，更不会在游乐场里号啕大哭。让所有的孩子都能开心玩耍的关键词，正是"顺序"。

第二，询问孩子的意见，通过对话引导孩子的行为

> "下来。后面还有小朋友等着呢。"（命令）
> "不行！赶紧下来。"（命令）

当孩子想要多玩一会儿时，有的父母会简单粗暴地强迫孩子下来。这可能是因为父母道德觉悟比较高，善于为他人着想。但是，强制介入孩子生活的行为可能只是一种披着道德外衣的暴力。相比于强迫孩子做出让步，询问一下孩子的意见，为孩子划定一个合适的范围，引导孩子主动做出让步会比较好。如果孩子仍然不肯让步，父母再开始教育他们也不迟。

> "后面还有小朋友等着呢，差不多该下来了。或者，你还想荡几次？"（询问想法）
> "100 次太多了。"（设定范围）
> "再荡 20 次就下来吧。"（协商）
> "再去排队等一会儿，就又可以玩了。"（介绍替代方案）

在家里，因为隔音效果不好，不敢让孩子在地板上跑来跑去；在外面，因为车辆来来往往，太过危险，也不敢让孩

子在马路上玩耍。在城市里生活，孩子能够恣意奔跑的地方只有游乐场。所以，父母们肯定不希望孩子们在游乐场里还哭哭啼啼、互相伤害，对吧？

请父母们仔细且清楚地教会孩子"顺序"这一概念，通过询问孩子的意见，采用符合孩子认知的对话技巧，告诉孩子遵守规则的方法。只要孩子能够遵守秩序和规则，游乐场便能成为一个安全温馨的乐园，让他们享受尽情奔跑的快乐。

> 说话练习之
> 人格培养
> 2-6

对不道歉的孩子少点
"快点道歉！赶紧和好！"的催促

  人与人相处，矛盾在所难免。孩子之间也不例外。每个孩子都像天使一样心地善良，但是他们在一起玩的时候却经常吵架。不管父母的育儿方法多么优秀，父母与子女之间的互动多么和谐，只要同龄的孩子在一起玩，就会产生矛盾。特别是好几个孩子在一起玩，就更容易产生争吵了。

  很多时候，孩子们只知道争吵，却不知该如何解决问题，最后只能由父母出面。

> **上小学一年级的弟弟和上小学六年级的哥哥为了手机争吵**
>
> 哥哥　爸爸，弟弟随便碰我的手机，还用我的手机玩游戏。
>
> 爸爸　赶紧跟哥哥说"对不起"。你换位思考一下，要是哥哥偷偷玩你的手机，你乐意吗？（指示道歉）
>
> 　　　在干吗？赶紧道歉。（催促道歉）
>
> 弟弟　对不起……
>
> 爸爸　弟弟已经跟你说"对不起"了，你也要赶快回答"没关系"！（指示和解）
>
> 　　　弟弟已经跟你道歉了，这样就可以了，要胸怀宽广。赶紧接受弟弟的道歉。（催促和解）

　　孩子不擅长判断是非对错。他们往往不知道对方为什么会生气，也不知道自己为什么要道歉。孩子需要父母的帮助才能明白自己哪些行为会伤害到别人，以及怎样做才能避免给别人造成麻烦。父母需要教导孩子，让他们看到自己之前没有意识到的问题。即使让孩子道歉，父母的心情并不会很好，父母也要教会孩子正确的道歉方法。

　　孩子需要学会收敛自己的脾气。承认自己的错误、跟别人道歉，这是需要练习的。如果孩子不曾说过"对不起"，当他们必须道歉的时候，就会觉得难以启齿。如果小时候缺乏练习，长大之后再学习道歉就会变得更加困难。只知道自己受到的伤害，却看不到别人的痛苦，我们身边这样的人不在少数。只有小时候跟随父母学习过、练习过，才能成长为一个通情达理的人，才能意识到自己的错误，懂得对别人说抱歉。

孩子之间的争吵，大多数时候都无法明确区分谁对谁错。虽然能够区分孩子们犯错的轻重以及明确引发争吵的原因，但是，一个巴掌拍不响，一般情况下，争吵的双方都有过错。

这个时候，道歉以及接受别人的道歉都是一种美德，但是在此之前，父母需要让孩子充分了解对方的立场。真正的道歉与和解应该从心底油然而生，而不是由指示和强迫促成的。

首先，父母应该听一下孩子内心的想法，给予孩子一定的时间，让他们整理自己的思绪。父母不应该强迫孩子无条件地道歉，而是应该让孩子从心底认识到自己的错误。孩子只有真心感到抱歉，才能真正学会和解的方法。

"想跟哥哥和好吗？"（确认想法）

"若是弟弟道歉的话，你打算接受吗？"（确认想法）

"你没有经过哥哥的同意就玩了他的手机，对吗？如

果你想跟哥哥和好的话，就先跟哥哥道歉吧。"（劝导道歉）

"哥哥好像很生气。虽然我知道哥哥没有接受你的道歉，你心里很不舒服，但是妈妈也没有办法强迫哥哥。"（说明双方的立场）

"你不接受弟弟的道歉是情有可原的，因为你需要一定的时间。"（表示等待）

"吃点凉的消消气，我们一会儿再说。妈妈去冰箱给你们拿冰激凌吃。"（提出解决方案）

"原谅别人确实不容易，但即便如此，我们也要试着接受别人的道歉。"（积极的解释）

当然，道歉与和解的时机很重要，最好是马上道歉，而不是一直拖延。但是，如果孩子暂时没有这种想法，父母便需要耐心等待。父母可以劝导孩子道歉与和解，却不能替孩子决定道歉与和解的时机，催促孩子"赶紧道歉！""马上道歉！"。父母需要审视一下，是否因为自己内心感到不适，就强迫孩子道歉，而忽视了孩子的情绪。

父母对孩子做出指示或者命令，孩子可能会立即选择和解。如此一来，父母的内心也会变得比较舒畅。但是，父母需要重新考虑一下：这种让父母舒心的方式也能让孩子开心吗？听从父母的指示被迫做出的道歉和发自内心的真诚道歉不同，孩子能够感知到。而且，如果孩子只是在形式上学会道歉，那么在学校里孩子也只会把道歉当作免除惩罚的手段，并不能真正理解他人的心情。

对父母来说，解释和劝说确实比指示和命令更复杂。如果父母保持一种从容的心态，给孩子足够的时间去练习，孩子就会慢慢地掌握这种方法。那时候，==即使不指示孩子道歉，不催促孩子和解，等到孩子冷静下来之后，他们也能主动去沟通。==虽然有点麻烦，但还是请父母帮助孩子通过充分的沟通化解矛盾。真心实意地道歉与和解能够作为人生的养分，滋养孩子的一生。

" 真心实意地道歉与和解能够作为人生的养分，滋养孩子的一生。"

第三步
说话练习之学习习惯

说话练习之
学习习惯
3-1

让抱怨作业多的孩子少点"学习是为了妈妈吗?"的**负罪感**

上小学二年级的孩子因不想做作业而一直在拖延

孩子　做作业真烦,我受够了。

妈妈　你是给妈妈做的吗?不想做就不要做!(引发负罪感)

　　　和其他孩子相比,你作业算少的了。(消极的比较)

孩子　太多了。什么时候能做完啊?我一整天一直在学习,都没有时间玩!

妈妈　别哼哼唧唧的。妈妈不想听。(禁止)

　　　一天才做了一页,多什么?(消极的判断)

　　　再这么抱怨就把作业扔了。辅导班也不用去了,作业也别做了。你想干吗就干吗吧。(极端的批评)

孩子　……

用一天的时间完成一张算术题、一页字帖或一页语音拼读题，在父母看来并不多，但是孩子还没开始做就不停地抱怨。或者作业量并不大，静下心来 5 分钟就能做完，可孩子还没开始做，就嘟嘟囔囔作业 10 分钟都做不完。这些自然会让妈妈怒火中烧，忘记自己的目的是培养孩子的学习习惯，与孩子爆发一场情绪战争。

实际上，很多孩子都会经历关于作业的战争。等到年纪稍微大一点，他们便会接受必须做作业这一事实，不仅不再抗拒做作业，反而会为了做完作业之后能开心地玩耍而加快做作业的速度。因此，父母可以把关于作业的战争看作孩子成长过程中必须经历的一个阶段。

很多父母无法忍受孩子不想做作业，而对孩子说出一些断定、比较、禁止甚至引发他们负罪感的话。然而，这些话语会让孩子产生反抗心理，加剧孩子对做作业的抵触情绪。

面对抱怨做作业太累的孩子，父母说话的时候不应掺杂太多个人情感，而应站在一个中立者的角度，掌握好分寸。在这个过程中，父母对孩子说的话应该包含共情、劝说、鼓励与安慰。

"学习是为了让你变聪明，并不是为了让你受累的。"

（区分）

"你要是实在觉得累,那确实没法做作业。做作业这么辛苦,怎么可能每天轻松愉快地就完成呢!"(共情)

"好像 5 分钟就能轻轻松松地做完,让我们试一试吧。"(劝说)

"你可以的。"(鼓励)

"觉得累就跟妈妈说,妈妈会帮你。"(安慰)

如果孩子的学习成绩很好,父母内心会感到难以言表的满足。为此,父母会每天叮嘱孩子做作业,不断增加孩子的知识储备。但是,当孩子讨厌做作业的时候,父母不应该一味地责备孩子,而是应该理解孩子的心情,对孩子说一些认可的话语、赞同的话语、慈爱的话语,让孩子感到自己是被尊重的。这样孩子才能在慢慢长大的过程中,觉得做作业越来越有趣。

> 说话练习之
> 学习习惯
> 3-2

对不喜欢学习的孩子少点"不只是你会感到累！"的比较

"你在家干什么了？毛巾都不洗好了晾起来。"

"我就是专门洗毛巾的人吗？你又做了什么呢？"

丈夫回到家后，一句"你在家干什么了"真的会让人感到非常伤心。人在伤心的时候，说出来的话语也会冷冰冰的。为了家人辛苦工作的丈夫和在家给孩子做饭、洗衣服、哄孩子睡觉的妻子，两者之间的辛苦是无法比较轻重的，可夫妻之间很容易用带刺的话语去伤害彼此。

父母有时也会说出这样的话来伤害孩子。孩子可能因为一天做一张算术题或者一面习题而哭着喊累，对此父母经常会说一些消极判断、指责、比较的话语。

让孩子备受打击的消极判断的话语

> "才做了一张就喊累。到底有什么累的？"（轻视）
>
> "才做了 5 分钟就喊累，以后可怎么办？"（责难）
>
> "一点儿小事都要找借口。"（歪曲）
>
> "又不是什么大不了的事情，就你想要搞特殊。"（当面斥责）

面对喊累的孩子，父母一般会询问其理由。但是以孩子的表达能力来说，他们很难解释清楚自己为什么会感到累。而且，父母还会主观地否定孩子承受的痛苦，甚至把孩子的痛苦评判为找借口、想搞特殊对待。

不知不觉之间，在大人眼里，孩子成了只会抱怨的牢骚大王。"才""顶多""小菜一碟""就这点事"，在这些判断之下，孩子会备受打击。

让孩子隐藏自己情绪的指责的话语

> "玩的时候，一整天也不觉得累，一开始学习就累是吧？"（讽刺）
>
> "你是做饭了，还是打扫卫生了，还是洗衣服了？你

> 做什么了就喊累?"（责备）

父母本来应该安慰孩子，结果却对孩子横加指责和批评。这相当于在孩子的伤口上撒盐。孩子本来就觉得很累，现在还要承受父母的指责，就更难以表达自己的想法了。令人痛心的是，总是这样被对待之后，孩子有可能会将自己的情绪彻底隐藏起来，无论发生什么事情都不会再在父母面前喊累。

让孩子的内心千疮百孔的比较的话语

> "在非洲还有很多活得更辛苦的孩子。你已经算是幸福的了。"（向下比较）
>
> "不是只有你觉得累。爸爸赚钱很累，妈妈照顾你也很累。大家都很累。"（消极的比较）

每个人都有自己的痛苦，这是无法比较的。即使知道了他人的痛苦，也无法减轻自己的痛苦。

向下比较只不过是披着安慰外衣的强迫，虽然听起来像是教育，但其本质却是指责。感觉累就应该被指责吗？父母不能用自己的辛苦来打压孩子的辛苦。即使是一个成年人，在听到"不是只有你觉得累"这样的话时,内心也会受到伤害,更别提心智还不够成熟的孩子了。

当孩子喊累的时候,父母之所以会说出一些指责和比较的话语,一般是因为父母觉得孩子喊累的理由让人难以接受。可父母不应该以自己的标准和尺度去衡量孩子,而应以宽广的胸怀去包容孩子。若是站在孩子的角度来思考问题,父母便能够理解孩子。即使父母很难与孩子产生共鸣,安慰孩子"如果我是你,我也会感到很累",也可以认同孩子,对孩子说"可能对你而言确实很累"。至少,父母应该避免对孩子说那些消极的话语,不用"有什么累的?"这种话去伤害孩子,让孩子慢慢变得沉默寡言。请记住:当孩子说累时,父母要先对孩子说一些认可的话语。

"很累吧!"(认可)

"辛苦你了。"(认可)

"你看起来是挺累的。"(认可)

"当然可能会累啊。"(理解)

"确实很累。"(理解)

"很累吧?还剩一张就做完了,既然开始做了,那我们就做完吧。要不然,我们稍微休息一下再做,你觉得

怎么样？"（询问意见）

"辛苦了。这么累该怎么办呢？要不先吃点零食，稍微休息一下？"（提出解决方案）

当孩子喊着学习很累的时候，父母最好听一下孩子的解释。同时，比较重要的一点是，父母应该通过对话寻找其中客观存在的理由，进而找到解决方案。如果是作业量太大，那就给孩子减少一点量；如果是题目太难，那就帮孩子讲解一下。父母需要明确地知道是什么原因让孩子感觉很累。

"为什么会感觉累呢？是作业太多了吗，还是作业太难了？"（区分原因）

"是根本就不会做呢，还是可以做，但是不能全部做完？你是哪一种情况呢？"（明确原因）

"你觉得你能做多少呢？一页题，还是一道题？说一下你的想法吧。"（协商）

父母担心的是，如果认可孩子感觉累这一事实，孩子就会变得软弱、娇惯、轻言放弃。这个时候，请父母回想一下"当自己感觉很累的时候，内心会产生怎样的感受""当别人理解了自己的辛苦之时，内心又会产生怎样的感受"。如果丈夫回到家，没有责问妻子为什么没有把毛巾洗好晾起来，而是对妻子说一句"辛苦了"，妻子又会产生什么样的感受呢？

"洗完手发现没有毛巾，所以有点慌。你最近很累吧？谢谢你为这个家付出了这么多。今后我会多帮你的。"

认可孩子的辛苦，并不会使孩子变得软弱和懒散。相反，感觉学习很累的孩子在得到认可和安慰之后，会产生一种渴望和觉悟，下定决心更加努力学习。父母的尊重会成为孩子发挥自我能动性、自发学习的动力基础。

> 比较重要的一点是,当孩子喊累时,父母应该通过对话寻找其中客观存在的原因,进而找到解决方案。
>
> 父母不应该以自己的标准和尺度去衡量孩子,而应以宽广的胸怀去包容孩子。

> 说话练习之
> 学习习惯
> 3-3

对想先出去玩的孩子少点"为什么不遵守约定?"的质问

> "做作业。"(指示做作业)
> "回到家先做作业。"(指示做作业 + 指示顺序)

"先做作业"这句话里包含着双重指示:做作业和顺序。当然,最好的情况是孩子回到家先做作业。但是,父母不能给孩子指定做事情的顺序。而且,父母需要帮孩子区分一下,哪些是必须做的事情,而哪些是可以选择的事情。

> "作业一定要做。它并不是你想做就做,不想做就不做的。"(区分)

"最好是先做完作业。虽然先做作业并不容易，但做着做着就习惯了。"（提示最好的选择）

"是先吃点零食，然后再做作业，还是先做作业，一会儿再吃零食，你是怎么想的呢？"（指示做作业＋选择顺序）

"觉得累的话，稍微休息一下再做作业，怎么样？"（提出解决方案）

"做完作业，我们就去游乐场玩。拉钩！"（提出解决方案）

对于必须做的事情，虽然没有让步的余地，但是希望父母能够尽量给予孩子选择的机会。

即便已经跟孩子约定好做完作业后再出去玩，有时候孩子仍会不停地追问：

"啊，不做作业不行吗？"

"先出去玩不行吗？"

孩子不想做作业，只想出去玩的时候，妈妈一定会感到非常郁闷和为难。

"刚刚不是说好吃完零食，做完作业，再出去玩的吗？你又不是不知道，为什么还要问？"（嫌弃）

"为什么不遵守约定？"（质问）

上面的对话是一种消耗性的对话，消耗了父母与孩子之间的感情，孩子消极的提问方式最终引来妈妈消极的回答。若想避免这种无休止的消耗性对话，最重要的是改变孩子消极的提问方式。

"希望你不要老问为什么不可以，而是问一些积极的事情，比如'作业都做完的话，就可以出去玩了吧？'这样的话。你提问的方式变积极了，妈妈也能愉快地回答你的问题。"

一段积极的对话，出发点就应该是积极的。爸爸妈妈费尽心思跟孩子好好说话，孩子也应该努力做到这一点。

父母总想让孩子少犯错，很容易不断对他们做出指示。==但是，请父母们记住，能够使孩子成长的不是指示，而是经验和犯错。==我们小时候也有很多不足，也会拖着不写作业，也会违背与父母的约定，但我们都是在完全度过这个时期之后，变成了现在的样子，我们的孩子也将如此。人都是在犯错中慢慢长大的。

> 说话练习之
> 学习习惯
> 3-4

对拒绝去上辅导班的孩子少点
"即使讨厌也要坚持 6 个月!"的强迫

父母送孩子去上辅导班,有各种各样的理由:如果什么都不做,父母会感到不安;孩子一直在家玩游戏,家里会天天爆发亲子战争;父母为了自己下班接孩子方便……可问题在于,虽然父母希望孩子喜欢去辅导班,能够天天去辅导班,但是有时候,孩子会执拗地吵着讨厌去辅导班,甚至干脆说不上辅导班了。

> **上小学三年级的孩子因为不想去辅导班而苦苦哀求**
> 孩子　我能不去辅导班了吗?不想上辅导班。
> 妈妈　不想去也得在那待上 6 个月。(强迫)

> 每天都说不想去，这简直成你的口头禅了。(反应过度)
>
> 只喜欢玩，一学习就烦是吧？(漠视)
>
> 就算是讨厌，有些事情也必须做！爸爸也不喜欢上班，妈妈也讨厌做饭和打扫卫生，但我们都在忍耐。(命令)
>
> 交了那么贵的学费，还得天天接送你去辅导班，爸爸妈妈容易吗？你有什么资格说不想去辅导班？(引发负罪感)
>
> 好不容易等到的名额，你竟然不想去了？现在不去的话，以后想去也没机会了！(胁迫)
>
> 别说那些丧气的话。你要想的是无论如何都要坚持。这么容易就放弃，你以后还能干些什么？(逼迫)

上面这些话，一口否决了孩子不想去辅导班的想法。当然，孩子再坚持一段时间，就会度过这一关键时期，内心的想法也会有所改变。大多数父母都怀着这种希望，所以即使孩子不想去辅导班，也会硬逼着他们去。但是，在这样做之前，有些问题需要父母询问清楚。

"为什么不想去了呢？"

"不想去辅导班的理由是什么呢？"

孩子不会平白无故地说不想去辅导班。要不要让孩子继续上辅导班可以待定，但孩子的想法父母一定要先了解清楚。

"太难了。老师讲课我根本听不懂。"

"我讨厌考试。班里很多同学都考了100分，就我考得最差。"

如果孩子跟不上进度，他们自然就会对学习失去兴趣。如果孩子听不懂还要硬着头皮去上课，这已经不再是学习，而是受辱。

"我一坐上去辅导班的车，小天就开始找我麻烦。"

和同学之间的矛盾也可能是孩子讨厌去辅导班的原因之一。在学校里，一个班的同学需要在一起共同学习一年甚至好几年时间，其间没有办法轻易换班级，但辅导班却是可以的。当孩子因为同学关系不想去辅导班的时候，父母可以与孩子沟通商量换一个班。

"就是……我也说不清楚。说不上来为什么。"

不善言谈的孩子可能说不出具体的原因，只是说自己不知道。在这个时候，父母需要通过仔细询问孩子，清楚地找到其中的原因。

能力问题

"老师上课讲的知识点你能听懂吗？如果觉得跟不上进度，那就让老师辅导一下吧。"

作业问题

"是因为作业吗？作业确实有点多。每天都做的话，确实会觉得烦。我们稍微减少一点作业量吧。"

与同学的关系问题

"或许是因为同学，和同学闹矛盾了？不要担心，跟妈妈说一说吧。"

与老师的关系问题

"被老师批评了吗？老师让你感觉不自在吗？没事，跟妈妈实话实说吧。"

如果这样询问过后，孩子还是回答"不知道"，那么请父母告诉孩子：

"你不想去辅导班肯定有你的理由，但是问你你老说不知道的话，妈妈也帮不上忙。至于还要不要继续上辅导班，妈妈先跟辅导班的老师商量一下吧。等妈妈跟老师谈过之后，我们再讨论。在这之前，你先继续上着吧。"

孩子不想去辅导班的理由不同，相应的解决方案也有所差异。父母要对症下药，不能一味地强迫孩子。孩子本就讨厌去辅导班，如果他们听到的话总是包含着强迫、责怪、胁迫、逼迫，仅有的那点学习欲望也会消失不见。6个月过后，情况可能会有所改变。但是在这6个月中，父母交给辅导班的钱就白费了。

事实上，"即使讨厌也要坚持6个月"是培训机构中广为流传的一句话。如果孩子坚持6个月，他们会在辅导班交到朋友，也可能对学习产生兴趣，他们以后继续上辅导班的概率也会提高。但是，与这种可能达到的效果相比，更重要的是孩子的内心。父母叩开辅导班的大门很容易，可孩子的心门一旦关闭，就很难再次敲开了。当孩子十分抗拒辅导班的时候，不强迫孩子才是明智的选择。父母没有必要花费大量的金钱和时间，最后却换来孩子的针锋相对。

在如此充满挑战的世界上生活，我们有时候的确会感到厌烦，想要放弃。但即便如此，有些事情也必须去做，我们不可能完全按照自己的想法而活，这就是人生。外面的世界不会像父母一样，亲切、耐心地等待孩子长大，也不会理解孩子所犯的错误。但是，那些经历过挫折之后重新站起来面对挑战的人，他们的故事中都有坚定支持自己的父母。父母在询问孩子的意见、等待孩子、与孩子一起寻找解决方案的过程中，能让孩子体会到被尊重、被理解。

如果父母希望自己的孩子成长为有韧性的人，在遭受挫折之后能够坚持下去，坚定地走自己的路，那么请一定要记住：让孩子重新站起来的力量来自父母的尊重，而这绝不可能存在于那些充满强迫、胁迫、责任、义务的话语之中。

第四步
说话练习之结交朋友

> 说话练习之
> 结交朋友
> 4-1

对遭到朋友绝交的孩子少点
"你也不要跟他玩!"的情感代入

上小学一年级的孩子遭到朋友绝交后回家诉苦

孩子　妈妈,小云要我的神奇宝贝卡片,我没有给他。结果,他说不跟我玩了,现在跟我绝交了。

妈妈　怎么还有那样的孩子?你也别跟他玩了。(情感代入)

你也跟他说:"我也不跟你玩了!""我要跟你绝交!"(指示孩子与朋友绝交)

这样的人不值得你结交。别伤心了,以后不要再理他了。(指示孩子无视朋友)

孩子被朋友随意对待的时候,妈妈会代入自己的情感,会很痛心,于是会心烦地说:"你也不要和那样的孩子一起玩！""别和他做朋友了！"

但是，如果父母也被情绪影响，那就无法安慰孩子受伤的内心了。其实，孩子与朋友之间产生矛盾的时候，父母最需要做的是对此持有一种理性和客观的态度。

"是那个朋友先提了无理的要求。你没有给他是对的。"（了解情况，分辨对错）

"那个朋友突然说要绝交，你当然会感到莫名其妙。"（说明孩子的立场）

"那个朋友并不是真的要跟你绝交，只是你没有满足他的要求，他不开心了，所以才说不跟你玩的。"（说明对方的立场）

"但是不管怎么说，说绝交都有点过分了。你应该很伤心吧。"（共情）

孩子的朋友为难孩子的时候，父母很难原谅他们。但是，只有父母率先理解孩子的朋友，孩子才能理解自己的朋友。因为父母是孩子最好的表率，父母的言行能对孩子产生巨大的影响。而且，我们自己的孩子有时候也会说一些不成熟、未经考虑的话，从而伤害到其他孩子。父母们需要像对待自己的孩子一样，去包容、理解其他孩子。

特别是幼儿园和小学低年级的孩子,他们很容易说出"绝交"这个词。幸运的是,孩子们虽然很容易吵架,却也很容易和好。大人之间吵架需要花很长时间消气,而孩子之间并不会这样。如果孩子理解了朋友的立场,与朋友产生了共鸣,他们就会像什么事情也没发生一样,马上重归于好。即使孩子说了绝交,第二天他们也还会在一起玩。从这一点来看,对孩子而言,"绝交"这个词的意思好像就是"我现在不想跟你玩""你惹我不高兴了"。因此,父母没有必要把孩子之间的"绝交"看作多么严重的事情。

然而,有的孩子几乎每天都把"绝交"挂在嘴边,把"绝交"当成了一种习惯。如果自己的孩子身边有这样的朋友,父母的处理方式应该稍有不同。

> "我要和你绝交。""不和你玩了。"(宣布绝交)
> "你要是不给我这个,我就跟你绝交!""如果你不这样做,我就跟你绝交。"(以绝交来胁迫)

如果孩子有这样的朋友,那么父母需要询问一下孩子。

"妈妈觉得,小云好像经常说要跟你绝交,是这样吗?"(确认事实)

"你还好吗？即使知道小云说的不是真心话，你依然可能会难过。跟妈妈实话实说也没关系。"（确认孩子的想法）

"你的内心需要你自己来守护。如果玩的时候一直感到伤心，那么跟那样的朋友保持距离也是一个不错的方法。"（提出解决方案）

"绝交"这个词，出现一两次的话没有关系，但是如果孩子的朋友总是以"绝交"来威胁孩子，那么"绝交"就会转变为一种暴力，伤害孩子的自尊心。这个时候，父母就不能再理解孩子的朋友了。因为让孩子独自面对来自朋友的持续性伤害，那对孩子而言实在是太残忍了。

即便如此，父母直接出面干涉也并不是一个很好的选择，让孩子不再跟朋友玩也不是一个值得提倡的解决方案。

"不要跟那个孩子玩！"

"别搭理他。"

这些话听起来是妈妈在替孩子做决定。然而，关系的决定权并不在妈妈手里，而是在孩子手里。因为朋友是孩子的朋友，而不是妈妈的朋友。要不要继续跟那个朋友玩，应该由孩子自己决定。

当然，这并不是说父母可以完全撒手不管。当孩子遭到朋友绝交的时候，父母需要了解孩子内心的变化，同时告诉孩子"一味地忍耐并不是好事"。请父母教会孩子"与朋友保持合适的距离，以此来保护自己的内心"。父母需要同时保持着"中立的态度"和"共情的态度"，既要把选择权和决定权交给孩子，又要关心孩子的状态。

我家孩子喜欢自己所有的朋友，但是作为妈妈的我并不是。孩子的朋友有好有坏。坦率地说，有些孩子根本没有跟我家孩子交心。他们会随口对我家孩子说不好听的话，暗地里排斥我家孩子，玩游戏的时候制定不公平的游戏规则，把我家孩子玩弄于股掌之中。每当看到这样的情况，我都会非常伤心。作为一名小学教师，我更容易发现那些孩子的问题行为，令我介意的事情也更多。

每每此时，我都想对孩子说："别跟那个孩子玩了，跟其他朋友玩吧。""你交朋友的时候不能挑一下人吗？"但是我一忍再忍，始终没有说出口。我现在很庆幸当时没有跟孩子表明我的想法，而是默默地关注他们。因为随着孩子年龄的增长，他们会学会如何寻找与自己志趣相投的朋友，妈妈的介入反而会延长这段学习的时间。

人并非生来就拥有识人的眼光。承受被绝交的伤痛，不断地试错之后，孩子才能拥有识人之慧，结交真正适合自己的朋友。如果想让孩子有担当，能够适应社会，父母就不应该过度干涉孩子的生活，而应该为孩子提供充足的机会，让孩子在试错中成长。虽然刚开始父母会感到心痛，但是随着时间的流逝，父母会逐渐看到一个内心变得成熟的孩子。

> 说话练习之
> 结交朋友
> 4-2

对随意对待朋友的孩子少点"这样下去你会被孤立!"的**威胁**

6岁的孩子邀请很多朋友来家里玩。但是,孩子看起来并不开心。他直勾勾地盯着拿起玩具的朋友,对朋友喊道"这是我的!",然后把玩具给抢了过来。那位小朋友与孩子争吵一番之后,提前回家了。

妈妈本想给孩子创造交朋友的机会,下了很大的决心让孩子邀请其他小朋友来家里玩,结果孩子们因为吵架不欢而散,妈妈真的觉得很不舒服,并担心孩子会被其他小朋友讨厌。

"小朋友们是来我们家做客的客人,你应该跟他们好好相处,怎么能冲人家喊'这是我的',把玩具给抢走呢?"(指责)

"你在幼儿园里也这样吗?"(联系地点)

"你换个角度想一下。如果你是那个小朋友的话,你会开心吗?如果朋友经常冲你大吼大叫,你还想跟他一起玩吗?"(引发愧疚感)

"这样谁还会喜欢你啊?谁还会跟你做朋友啊?"(引发羞耻心)

"对待朋友不能你想怎么样就怎么样。不要太任性!"(禁止)

"你要老是这样的话,会被孤立的。"(威胁)

"好不容易邀请小朋友们来家里做客,你竟然跟人家吵架,我以后再也不帮你招待朋友了!"(警告)

孩子会觉得很茫然,无法理解——明明是那个朋友抢了"我"的玩具,明明"我"是担心弄丢玩具才那样做的,可妈妈为什么这么生气呢?

从结果上来说,父母的指责、威胁、警告并不能帮助孩子,反而会向孩子传递一种消极的信息,让孩子感到羞耻和愧疚。父母应该先了解孩子的问题行为背后隐藏的感受和想法,对它们表示认可和接受,然后再纠正孩子的问题行为。

"那确实是你的玩具。"(认可想法)

"当然很讨厌啊。毕竟是你非常心爱的玩具。"(认可感受)

"但是,即使不想让朋友玩,你也不能冲朋友喊'这是我的',还把玩具给抢走。"(克制行为)

"因为你想跟朋友一起玩,我们才把朋友邀请到家里的,你把玩具抢走了,朋友就没办法跟你一起玩了。"(说明理由)

"和朋友分享玩具其实挺难的,可即便如此,我们还是要尝试跟朋友一起玩。"(积极的解释)

"如果是你特别喜欢的玩具,在朋友来之前,你可以提前把它放到抽屉里。"(提出解决方案)

"如果你不想让朋友碰你的玩具,那你们就去玩吧。不要邀请朋友到家里来玩。等你乐意把你的玩具借给朋友玩时,我们再邀请他们来家里玩吧。"(区分)

与之同理,当孩子去朋友家里玩的时候,父母要提前告诉孩子:

"在朋友家里,如果有你想玩的玩具,玩之前你要先问一下朋友，因为那可能是朋友特别喜欢的玩具。'我能玩一下这个玩具吗？'得到允许之后，才能开始玩。"

"拥有"这一概念用于区分自己的东西和别人的东西，相比于这一概念，"借"的概念更加复杂。请父母们不要强迫孩子无条件地把玩具"借"给朋友，而是要为孩子创造机会，让孩子能够在玩耍的过程中，自然而然地与朋友交换玩具。当孩子反复经历几次后，对玩具的占有欲便会减弱，与朋友玩得更加开心。

> '拥有'这一概念用于区分自己的东西和别人的东西，相比于这一概念，'借'的概念更加复杂。请父母们不要强迫孩子无条件地把玩具'借'给朋友，而是要为孩子创造机会，让孩子能够在玩耍的过程中，自然而然地与朋友交换玩具。

说话练习之
结交朋友
4-3

对遭到朋友无视的孩子少点
"那个小朋友叫什么?"的干涉

上小学二年级的孩子哽咽着跟妈妈诉说学校里发生的事情

孩子　妈妈,上体育课的时候,我们玩躲避球游戏,我没有接住球。于是,同学们说我"垃圾",开始取笑我。我又不是故意的。

妈妈　什么?谁?谁说你"垃圾"?那个小朋友叫什么?(干涉)

　　孩子和朋友一起玩产生矛盾时,父母会比孩子更伤心。出于心疼孩子,父母会追问跟孩子闹矛盾的朋友是谁。事实上,即使父母知道是谁,能够做的事情也不多。

　　有时,父母会给那个孩子的父母打电话或者发消息,要求那个孩子道歉，但这样做可能会冒犯别人。这是因为，父母也无法保证自己孩子说的话100%属实。很多时候，小学低年级的孩子会故意歪曲事实，好让情况对自己更有利。

这个时候，相较于询问引起矛盾的孩子是谁，父母更应该询问孩子在那种情况下是如何应对的。相较于关注孩子受到的不公正对待，父母更应该教会孩子在那种情况下如何保护自己。

"你应该挺伤心的。"（共情）

"但是，朋友说你'垃圾'的时候，你是怎么回应的呢？"（确认孩子的回应）

"我什么话也没说。"

令人痛心的是，大部分孩子在受到朋友突如其来的攻击时，根本不知道应该如何回应，什么话也说不出来，只能带着一颗受伤的心回到家。此时此刻，父母真的很想直接联系那个孩子的家长，痛痛快快地与之理论一番。父母好像必须听到那个孩子及其父母的道歉，才能消气。

但是，从长远来看，这种行为会夺走孩子"面对不公正对待时，学会如何保护自己"的机会。轻视、无视孩子的人，随时随地都可能出现，父母不可能每次都出面帮孩子解决。

相较于推着孩子前进，父母更应该教会孩子凭借自己的力量一步步勇往直前。请父母给予孩子一些练习的机会，让孩子能够自信地说出内心的想法。面对不公正对待时，拿出勇气保护自己，要求别人尊重自己，这样积极的姿态对孩子的成长至关重要。

"听到你这么说，我的心情很不好。"（传达情感）

"你也有没接住球的时候，可我也没说你'垃圾'啊。"（说明不公正对待）

"不要说我'垃圾'。"（要求停止不公正对待）

"不要取笑我。"（要求停止不公正对待）

"不要……""心情很不好"，这些话即便是大人也不容易说出口。担心会伤到对方的情感，担心会引发争吵，于是只能在心里反复默念，慢慢平复心中的不快，这种经历父母们应该体验过很多次。孩子们也是一样。在第一次遭遇不公正对待时可能会觉得难以启齿，只有经过练习，他们才能从某一个瞬间开始，熟练地说出保护自己的话。

不管是在职场上还是在家庭之中，矛盾都无处不在。在学校里也是一样。虽然为了防止孩子们闹得不可开交，老师会出面制止争吵，但是孩子们之间的矛盾仍然无法避免。一些孩子能够在争执中明确地表达自己的情感和想法，更好地适应学校的生活，是因为他们在家里做过很多这样的练习。

我家孩子以前也不习惯说"我不喜欢""不要这样做"这样的话。我甚至编了几部情景剧，帮孩子练习。但是很多时候，一站到同学面前，孩子就会把之前的练习忘得一干二净，总是心情低落地回到家。每当这个时候，我都会隐藏起自己的心疼，再次教导孩子与同学产生矛盾时应该如何应对。现在想来，那些时候真的相当考验一个人的耐性。

不久之前，上小学二年级的孩子对我说：

"妈妈，小云又骂我'垃圾'。而我对他说：'不要这样骂我！我会心情不好！'妈妈，我做得对吧？"

虽然见效很慢，但只要父母相信孩子，耐心地等待，总有一天，孩子能学会保护自己。==对父母而言，不仅是看到孩子优异的表现会欢喜，看到孩子一点一点地进步和成长，也是非常快乐、非常有意义的事情。==而这种快乐和成就感，唯有那些在背后默默守护、相信、支持孩子的父母才能享受到。

> 孩子通过聆听深爱的父母所说的话，来学习如何在这个世界上生存。

说话练习之
结交朋友
4-4

对感到孤独的孩子少点
"都怪妈妈……"的自责

孩子小的时候，妈妈经常会出面帮孩子结交朋友。为此，妈妈也会扩展自己的人脉，甚至把这当成了自己的一项功课。妈妈们关系亲近之后，会互相邀请对方到家里来玩，去游乐园的时候，也会约好时间一起去。如此一来，经常见面的孩子们，自然而然就会亲近起来。

但是，对于职场妈妈而言，这种社交有点困难。因为妈妈们在见面之后才方便互相交换联系方式，然后顺理成章地邀请对方来家里做客，或者一起出去玩。职场妈妈不管是在时间上还是在心理上，都显得不够从容。

我家有两个孩子，我下班后要给孩子们做饭、洗衣服，哄他们睡觉，每天都像在打仗。家里总是乱糟糟的，我既没有时间收拾房间招待客人，也没有心思认识新的朋友。可能正因如此，女儿上小学一年级的时候，一直没有朋友。女儿性格活泼，我并不担心她交不到朋友，但是第二学期过了一半的时候，女儿对我说：

"妈妈，我在学校里一个朋友都没有。我想转学。"

女儿性格非常开朗外向，不管见到谁，都会先打招呼。这样的她竟然哭着说没有朋友，令我瞬间感觉非常伤心。好像这一切都是我的过错。我马上跟女儿的班主任了解了一下情况，也询问了女儿的想法。总的来说，女儿说她没有朋友，并不是说她被同学排挤而遭到冷落，而是因为她感觉自己没有融入女生们的一个小圈子，也没有特别要好的朋友，很孤独。

想起这段时间一直默默忍受孤独的孩子，我的内心很不是滋味。但是，我决定不在孩子面前表现出自己的悲伤。毕竟在没有朋友的教室里，需要忍受孤独的并不是作为妈妈的我，而是孩子。如果妈妈也表现得很伤心，孩子便会失去依靠。于是，我心平气和地告诉孩子：

"班里可能会有跟你合得来的朋友，也可能没有。这不是你的错，而是'运气'的问题。等你升到二年级的时候，你会遇见新的朋友，情况就会发生变化。一切都

会好起来的。"（积极的解释）

"把你喜欢的涂色画本带到学校，在课间休息的时候玩涂色游戏怎么样？"（提出解决方案）

"可以跟朋友一起玩，也可以自己一个人玩。妈妈希望不管是哪种方式，你都可以开开心心地玩。如果看到你自己一个人也玩得很开心，其他同学就会聚集到你身边，和你一起玩。"（积极的解释）

父母无法改变孩子没有朋友的"现状"，却能对此做出不同的"解释"。父母需要改变孩子的想法，引导孩子积极地思考："自己一个人也可以玩得很开心""没有朋友并不是我的错，只是运气不好""升入高年级后，情况会变好的"。

对于无法控制的事情，父母表现得越悲伤，孩子就会越难过，因为他们会觉得妈妈伤心和哭泣都是自己造成的。这样一来，他们不会因此得到任何安慰和共情。所以无论父母多么伤心，在孩子面前也要保持淡定。

父母不应该陷入悲叹之中，不应该被伤心左右，而要成为坚实稳固的支柱，让孩子可以相信和依靠。这是减轻孩子孤独的唯一方法，也是最切实可行的方法。

职场妈妈面临的最大困难不是兼顾工作和育儿，而是在工作和孩子之间，没有负罪感地维持生活的平衡。

很显然，在大多数情况下，"妈妈是朋友 = 孩子是朋友"这个公式在孩子步入小学后就不再适用了。从一名教师的角度来看，妈妈通过认识朋友的方式帮助孩子结交朋友，这种情况并不能长久。无论妈妈如何努力，如果孩子们彼此合不来，最终还是无法一起玩。

因孩子缔结的缘分也会因孩子而失去。很多时候，如果孩子之间发生争吵，妈妈之间也会产生隔阂。而且，即使妈妈们在表面上看起来关系都十分亲近，实际上却亲疏有别。有时候，妈妈们还会在背后说彼此的闲话，影响到孩子之间的关系。总而言之，交朋友应该是孩子自己的事情。

因此，妈妈需要跨越的高山不是帮助孩子解决交朋友时遇到的困难，而是战胜自身的歉疚感和负罪感——这两种感受对孩子没有任何好处。正如孩子的成绩单不能被看作妈妈的成绩单一样，孩子的孤独也不应该引发妈妈的负罪感。因为，孩子有孩子的人生，妈妈有妈妈的人生。

说话练习之
结交朋友
4-5

对没有发出生日聚会邀请的孩子少点"那个孩子怎么这个样子?"的诋毁

上小学六年级的女儿从学校回到家的时候,脸涨得通红。女儿还没缓口气就对我说:

"妈妈!周六小天过生日,她说要办生日聚会和睡衣派对。我能去吗?"

"生日?嗯……你去小天家睡一晚的话,妈妈会有点不放心。有几个孩子去呢?"

"小天妈妈说打算只邀请四名同学。"

"那小天现在还没有邀请你,只是问你能不能去,是吧?你想去吗?"

"嗯。非常想去!"

"那你先跟小天说妈妈知道了。到时候小天邀请你的话，妈妈再跟小天妈妈说一下。"

但是，直到周六那一天，女儿也没有再提这件事。

"小乐啊，今天不是小天的生日吗？"

"哦，是的。小天说要邀请四名同学，其中没有我，不过没关系。"

孩子说没关系，我却心里不是滋味。我充分理解小天只邀请四名同学参加生日聚会，可是四名同学中竟然没有我家孩子，这让我感到很伤心。"那个孩子怎么这样？不想邀请你的话，就不应该跟你说"，这句话已经到我嘴边了。但是，经过深思熟虑后，我觉得这话不能说。孩子比我更伤心，她都能像没事人一样，让这件事情过去，如果我对孩子说那样的话，反而会在孩子的伤口上撒盐。所以，我没有表露内心的想法，而是痛快地对孩子说道：

"我的宝贝女儿应该很伤心吧。妈妈给你做你喜欢吃的火鸡面好吗？吃点辣的，消消气！"

没想到，女儿却像个小大人一样对我说：

"妈妈，实际上我很羡慕参加聚会的同学，小天没有邀请我，我觉得很伤心。但是，我想的更多的是，我以后要跟小天变得更亲近一点。"

"真棒。这样想就对了。你怎么会有这么棒的想法呢？明明你现在应该很羡慕能去参加聚会的同学，应该很伤心。"

"我觉得我应该乐观一点。因为妈妈经常鼓励我，让我凡事往好的方面想，所以，我好像自然而然就那样想了。"

"那么，这还是多亏了妈妈吗？"

"当然。"

"真荣幸。谢谢你。坦白地说，如果是妈妈遇到这种情况，妈妈也会羡慕，也会感到伤心。然而你却没有那样做，还说这是多亏了妈妈，我非常高兴。"

"我不知道妈妈原来也会羡慕别人，也会感到伤心。妈妈总是对我说一些正能量的话，所以，我以为妈妈心里一直都是满满的正能量。"

没有收到朋友生日聚会的邀请，孩子并没有陷入失落之中，而是坚强地战胜了心中的不快，这份动力既不是来自美味的食物，也不是来自蹩脚的共情，更不是来自诋毁别人。这份动力来自妈妈在日常生活中经常说起的正能量话语。看到这样的孩子，我便明白，正是因为在我感到不安和担心的时候也没有放弃向孩子播撒正能量的种子，这颗种子才最终在孩子心底扎根，进而开出了灿烂的花朵。

而且，我在孩子面前一直表现得很坚强，让孩子在伤心的时候有所依靠，不需要刻意压抑。这样一来，孩子会认为妈妈是一个坚强的人，一个值得依靠的人。我真的觉得自己非常幸运，也非常感谢我的孩子，感谢她在我的影响下，能够克服对他人的羡慕和自己的伤心。这一天，我从孩子那里确实学到了很多。

对孩子而言，朋友关系似乎是自尊心的源泉，其实并非完全如此。**对孩子而言，与父母之间的关系更重要。**父母积极的态度和信任能够成为保护孩子内心的藩篱。当孩子知道自己被坚固的藩篱守护之时，他们便会一点点地变得坚强起来。父母给予孩子的尊重才是孩子自尊心的真正源泉。

> 感到不安和担心的时候,也不要放弃播撒正能量的种子,最终,这颗种子会扎根,进而开出灿烂的花朵。

第五步
说话练习之交流沟通

> 说话练习之
> 交流沟通
> 5-1

对带给妈妈伤害的孩子少点
"你只会这样说话吗?"的 尖言厉语

上小学四年级的孩子挑食

孩子　妈妈,晚上我们去吃烤肉吧。

妈妈　已经煮了米饭了。妈妈给你烤青花鱼。今晚就在家里吃吧。

孩子　啊,我不想吃青花鱼……为什么每天都是妈妈想怎么样就怎么样?

妈妈　你就只会这样说话吗? 天天就想着吃肉!(尖言厉语)

不只是孩子,父母也会因为别人的话受到伤害。父母会尽可能在对孩子说话的时候温柔一点,但是如果孩子闹脾

气，说话的时候充满不耐烦，父母自然也会生气。最终，父母会没好气地结束与孩子的对话。

"为什么每天都是妈妈想怎么样就怎么样？"
"为什么一直都要按照爸爸的想法做事？"
"我的想法不重要，只有妈妈的想法重要。"
"爸爸妈妈整天就知道说'不行'！哼！"

考虑到孩子，父母炒菜的时候不会把味道调得太辣或者太咸，出去吃饭的时候也总是去孩子喜欢的餐厅，但是孩子竟然说出上面这样的话，父母听后肯定会十分委屈伤心，一句话也说不出来，甚至会想马上丢下孩子，去吃自己想吃的食物，去自己想去的地方。

当然，父母也知道，孩子并不是故意刺激父母，只是不明白父母的心意，但父母还是会感到受伤。而且，父母也是人，面对自己难以忍受的情况时，最终也会对孩子说出一些尖酸刻薄的话。

"对于你想要的东西，只要还说得过去，妈妈就会尽量满足你的要求。但是，你竟然说妈妈想怎么样就怎么样，这让妈妈感觉自己的辛苦和努力好像没有任何价值，

所以，妈妈感到非常伤心。"(解释)

"妈妈努力站在你的角度去考虑问题，希望你也能够理解一下妈妈。"(请求)

"你能不能对妈妈说，'我知道妈妈的心里很不舒服，我说的话可能会让妈妈伤心'？"(劝导)

如果父母感到厌倦，孩子就会失去依靠。所以，即使是为了孩子，父母也要教会孩子去理解父母的心情。"孩子总有一天会明白""孩子长大之后就会懂事的"，父母不应该用这种想法来安慰自己，掩盖自己内心的伤口，而应该直接告诉孩子自己的感受。"一定要说出来孩子才懂吗？不说的话，孩子就不能理解一下父母吗？"这也是一种不切实际的期待。如果父母不直接告诉孩子，孩子就不可能明白父母的想法。

"妈妈并不是自己想怎么样就怎么样，我那样跟妈妈说话，妈妈好像伤心了。"(认可父母的情感)

"我做错了。"(承认错误)

"对不起。"(道歉)

孩子也不想伤害自己深爱的爸爸妈妈。当知道自己说的话让爸爸妈妈感到伤心后，孩子会充满歉意，甚至主动道歉，之后在说话的时候也会更加慎重。

认可的话语、赞同的话语、慈爱的话语，这些充满尊重的话语不能只是父母的单方面行为。父母不可能一直忍受孩子消极的态度，但用同样消极的话语来回击孩子也不是成年人该有的应对方法。受到伤害的时候，请父母坦率地向孩子表明，直到孩子能够了解和共情。如此一来，即使父母强迫孩子做一些事情，孩子总有一天也会明白父母的良苦用心。站在同样的角度考虑问题时，沟通才能发挥真正的作用。

说话练习之
交流沟通
5-2

对不善于察言观色的孩子少点
"听不懂我说的话吗?"的**羞辱**

在学校里工作时,我发现一些孩子很容易跟其他同学产生矛盾,而这些孩子一般都欠缺观点采择能力。所谓"观点采择能力",指的是易地思之、换位思考的能力,即站在他人的立场上,推测他人的想法和情感的能力。观点采择能力卓越的孩子善于理解他人,在解决问题和终止纠纷方面表现出了出色的才能。当然,他们也会拥有良好的人际关系,深受同学们的欢迎。

相反,观点采择能力欠缺的孩子难以通过对方的语气、表情、事情的来龙去脉判断当时的情形。很多时候,这样的孩子无法理解事情背后蕴含的意义,经常在与人交流时产生不必要的误会。例如下面这些情况。

"你为什么嘲笑我?"
"我没有嘲笑你,不要没事找事!"

"老师,小天总是偷偷看我。"
"我没有总是偷偷看你,只是看了一眼而已,你怎么这个样子?"

观点采择能力欠缺的孩子无法正确区分注视和偷看、微笑和嘲笑,在梳理事情的前因后果时,他们也略显生疏。因为不理解事情发生时的情境,他们有时候会说一些不着边际的话,还会因为无法处理复杂的情感,露出不知所措的表情。和在学校里见过很多孩子的老师不同,只能在家里见到自己孩子的父母很容易误认为孩子的这种行为是有问题的。

"你怎么就听不懂别人说话呢?"(责备)
"你怎么这样呢?让人完全理解不了。"(无视)
"别绕弯子。"(禁止)
"经常误会别人,最后受伤的只能是你自己。"(攻击)

如果连父母都用一种冷冰冰的眼神看着孩子，孩子会完全失去可以依靠的港湾，这对于本就难过的孩子无异于雪上加霜。==幸运的是，观点采择能力并不是固定不变的，而是可以通过学习来提高和发展的。==如果父母能够亲切地向孩子说明其中存在的问题，教会孩子处理问题的方法，孩子的表现自然而然就会有所改善。

"你是因为看到了什么，觉得同学在嘲笑你呢？"（确认线索）

"微笑和嘲笑有什么不同呢？"（区分）

"那个同学对其他的孩子也这样说话，还是只对你这样说话呢？"（区分）

"同学可能是在嘲笑你，也可能不是。"（分辨）

"同学是在嘲笑你，还是单纯地在笑，妈妈没有亲眼看到，很难帮你分辨。"（说明）

"但是，如果你觉得别人在嘲笑你，最难受的人就会是你，所以，我们还是往好的方面想吧。"（劝导）

单凭语言向孩子说明应当如何察言观色，是一件特别麻烦的事情。很多时候孩子听不懂，父母需要重复好多遍。但是，如果父母因为厌烦，放弃教导孩子，随着年龄的增长，孩子就很有可能变成一座"孤岛",跟身边的人都格格不入。想到孩子无法融入同龄人的世界,只能独来独往,父母一定会感到痛彻心扉。成年人都很难忍受孤独,换作孩子的话,他们又将承受多么大的痛苦啊!所以,为了我们深爱的孩子,请父母们再多付出一点努力吧。

说话练习之
交流沟通
5-3

对滥用新造词的孩子少点"不许这样说话！"的禁止

"怎样电视、那样电视、不问电视、不奇电视、怎样样、那样样、库库鲁、砰砰，生锤吧？恼闹吧？无可奈嚎吧？无话可水吧？"

对于上面这些新造词，父母们能理解其中的含义吗？虽然孩子们并不知道这些新造词的意思，但是他们对此却十分热衷。如果父母把这当作孩子的一种娱乐方式，用"怎样冰箱"回应孩子的"怎样电视"，那么"怎样洗衣机""怎样烘干机""怎样燃气灶""怎样空调"等等，瞬间所有的家电都会蹭蹭冒出来。孩子们觉得这些新造词朗朗上口、很有趣，就像说唱一样，所以乐得使用。

"怎样电视"的意思是"那又怎样，去看电视吧"，"恼闹吧"的意思是"上火吧？生气吧？"。即使它们听起来很有意思，父母也不能容忍孩子滥用，不能把这单纯看作不懂事的孩子开的玩笑，理由是这些新造词里缺乏"尊重"。它们本质上充满了对对方的贬低，甚至还含有一种讽刺的、让对方生气的意味。

话语控制着一个人的思想，影响着他的价值观和态度。新造词需要遵循语言规范。但是，如果父母无条件地加以禁止，对孩子说"这些话不好""听起来让人感觉很烦，不许说"等等，反而会引起孩子的逆反心理。请父母们明确地告诉孩子，这样说话为什么不行。只有孩子意识到他们说的新造词既不好笑，也不能让自己开心，因此没有必要反抗父母的禁令时，他们才能够下定决心改正这个不好的习惯。

"你使用火星语的时候，别人会觉得'你好吵啊。就只考虑自己，不顾及别人的想法吗？啊，真烦人'。经常使用新造词，会让对方感到被无视、被讽刺，即使你并没有这种想法。所以不要因为新造词是新鲜事物就盲目跟风。当朋友们滥用新造词时，告诉他们这样做带给他人的感受，也是一个不错的办法。"

==尊重是相互的。尊重别人才能得到别人的尊重。==如果只有一方懂得尊重别人,另一方却不以为意,那么尊重的源泉很快便会枯竭。父母以身作则,对孩子说话时选择认可的话语、赞同的话语、慈爱的话语,将其中的理由也一并告诉孩子,孩子便不会一味地追捧毫无"营养"价值的新造词。

说话练习之
交流沟通
5-4

对一整天都在玩手机的孩子少点"看见你就烦，出去！"的愤怒

"看见你就烦。出去！出去，你爱怎样就怎样！"

生气之后对孩子恶语相向，事后却感到特别后悔，相信每位父母或多或少都有过这样的经历。一些过分的话，父母对其他人是绝对不会说出口的，但是在孩子面前，却总是不经意间脱口而出。而且，因为是一家人，父母相信孩子是能够理解自己的，所以对孩子说话的时候更加无所顾忌了。

人生在世，谁都会有说错话的时候。虽然人们希望能够一直保持一颗平常心，控制好自己的情绪，但是往往事与愿违。父母也是人，也会发火、生气。重要的是，父母生气过后，应该懂得如何向孩子解释当时的情况，让孩子的内心免

受伤害。

随着科技的发展、智能手机的普及，现在很多孩子从小就开始使用手机。父母希望孩子只在需要的时候使用手机，但是这几乎不太可能。有的孩子一整天都在跟朋友发消息，有的孩子沉迷于手机游戏无法自拔。这个时候，爸爸妈妈一般都会说：

"看到你一整天都盯着手机，我肺都要气炸了。换作你的话，你不生气吗？"

孩子犯了错，父母生气的时候总会以上面这样的话为借口，认为自己生气是理所应当的。其实，不管孩子做出怎样的问题行为，都不应该成为父母宣泄怒气的正当理由。如果孩子犯了错，父母就大发雷霆，这会让孩子觉得"如果其他人犯错，我就可以发火"。接下来让我们详细地了解一下，在父母把自己的愤怒正当化的话语中，究竟包含着什么样的信息。

"你不是有时候也会大吵大闹，气得直跺脚嘛。妈妈跟你一样，也有生气的时候。"

"谁都有这样的时候"，这句话真的是一个很方便的借口，因为它能够轻易地引起对方的共鸣。不过，如果父母感到抱歉，那么与其向孩子隐藏自己的歉意，对自己的错误含糊其词，不如坦率地向孩子道歉。

"为了抚养你，妈妈已经尽了最大的努力。"
父母对子女付出的爱和父母的奉献精神虽无比崇高和美好，但这同样不能成为愤怒的免罪符。

"爸爸特别爱你，爸爸努力工作赚钱都是为了你。对爸爸来说，在这个世界上，你是最重要的。"
虽然表达爱意的话语中可能包含着一点歉意，但其本质是掩盖自身的错误。

"看见你就烦"，孩子也知道爸爸妈妈的这句话并不是真心话。爸爸妈妈冲孩子生气会给孩子带来伤害，而带给孩子更大伤害的是爸爸妈妈生气过后想要蒙混过关的样子，因为这会让孩子觉得自己不被尊重。

如果父母意识到，自己在不经意间把孩子当作了宣泄消极情绪的对象，那么就应该坦率地向孩子道歉。道歉和尊重相伴而行。想要得到道歉的心，实际上也是想要得到尊重的心。

"妈妈说的话太重了。真的很抱歉。"（承认错误、道歉）
"爸爸突然吼你，吓到你了吧？爸爸跟你道歉，对不

起。"（承认错误、道歉）

已经说出口的话不可能再收回来，但是解开孩子的心结却是可能的。即使父母在一瞬间没有克制住自己的怒气，对孩子说了很过分的话，但只要父母坦率地承认自己的错误，向孩子道歉，孩子便能感受到尊重，从而修复自己受伤的情感。只要父母不是习惯性地冲孩子大吼大叫，孩子便能够理解父母。孩子会明白，爸爸妈妈并不完美，爸爸妈妈也会犯错。

我时常会问孩子：

"你曾经因为妈妈伤心过吗？如果有的话，不要把心事藏在心里，一定要对妈妈说。"

孩子有时候会说没有，有时候会坦率地告诉我我做的哪些事情让他们感到伤心了。这个时候，我会毫不犹豫地跟孩子道歉：

"对不起。妈妈做得太过分了。妈妈错了。"

冲孩子大发脾气，对孩子恶语相向，这并不是成熟的父母该有的做法。爸爸妈妈也应该随时反省自己，学会控制自己的情绪。即使难以做到不对孩子发脾气，至少也可以做到尊重孩子。父母懂得道歉，孩子便能够学会尊重。

> 作为父母，即使我们难以做到不对孩子发脾气，至少也可以做到尊重孩子。

后记
紧紧拥抱我们深爱的孩子

我家儿子好奇心特别强,对于好奇的事物一定要尝试一下才肯罢休。六七岁的时候,他好奇吃了牙膏会怎么样,于是刷牙的时候就把牙膏吞了下去。他甚至还说牙膏很好吃。尝一下牙膏原本没什么大不了的,但问题是,这种事并不是只发生了一次。儿子刷牙的时候,我一不留神,他就会把牙膏吞下去。每当这个时候,我都会批评他:

> "你怎么回事?刷牙时产生的泡沫要吐出来,你吞下去干吗!"(反感)
>
> "都跟你说了牙膏不能吃,到底要我说几遍?"(指责)
>
> "你要是老这样的话,妈妈就得带你去医院洗胃了。"(威胁)
>
> "让你吃饭你不吃,为什么要吃牙膏呢?真是让你往东你非要往西!"(判断)
>
> "妈妈好累啊!拜托你懂点事吧。"(抱怨)

每当孩子通过吃的方式满足自己的好奇心之时，我都会指责、吓唬他，现在想想，这样的事情我真的做了太多次。我曾经对儿子的好奇心和出人意料的想法感到无奈，想要纠正他的行为。但是，在进行说话练习的过程中，我慢慢意识到，问题并非出在孩子身上，而是出在作为妈妈的我所说的话上。需要改变的人不是孩子，而是我自己，我真的花了很长时间才意识到这个事实。现在的我很自豪，我已经能够把孩子看作一个独立的个体，尊重孩子的爱好和个性。

随着年龄的增长，儿子已经不再吃牙膏了。不过，如今9岁的他，好奇心一如既往地强烈。甚至不久之前，我们还进行了下面这段对话。

"妈妈，吃了沐浴露会怎么样？"
"什么怎么样，沐浴露不能吃。"
"为什么不能呢？吃了的话，会死掉吗？"
"不会死……你不会已经吃了吧？"

"没有。"

"什么没有?看你的表情就知道你吃了。我猜对了吧!"

"我没吃。放到嘴里又吐出来了。"

"好奇沐浴露是什么味道吗?"(认可想法)

"嗯。"

"什么味道呢?好吃吗?"(认可感受)

"不。不好吃。草莓味牙膏还有草莓味,但沐浴露是咸的。咸味。"

"太好了。不好吃,以后不会再吃了吧?"(温柔地询问)

"嗯。不吃了,嘿嘿。"

"对事物感到好奇是件好事。"(积极的解释)

"但是,再怎么好奇,也不能做对身体有害的事情。"(克制行为)

"嗯。还有……妈妈!"

"嗯?怎么了?"

"我爱你!"

儿子跟我聊天的时候,最后他经常会说一句"我爱你"。

有点出乎意料，却总会让我心头一热。这感觉就好像是孩子明白了我的付出，并拥抱了我一下。也许"我爱你"这句话的完整含义是"妈妈，谢谢你理解我"。

播撒尊重的种子，结出的果实会非常丰硕。从我开始练习表达尊重的话语以来，我实现了作为妈妈的蜕变，不再用冷漠的话语对孩子横加指责，获得了成长。现在的我懂得紧紧拥抱自己的孩子。赞同的话语，让我与孩子之间的冲突越来越少，让我变得更加幸福；认可的话语，让我在守护自己内心的同时，能够读懂孩子的内心；当我感到无话可说、感到难堪的时候，我总能在表达尊重的话语中，找到如何和孩子沟通这一问题的答案。

几乎没有人在每次说话之前，都经过思考组织语言。大部分人只是形成了一种说话习惯。为了改变自己的说话习惯，人们需要不断的练习。写这本书的时候，我所想的只有一件事：

"希望在读者朋友们养成良好的说话习惯这件事上，本书能够提供哪怕一点点的帮助。"

希望读者朋友们能够通过阅读此书，回顾一下自己的说话习惯——在生活中经常对孩子说的话，面对孩子时不自觉说出口的话。如果感觉自己的说话习惯有问题，希望父母们能够加以改正。第一步，认可的话语；第二步，赞同的话语；第三步，慈爱的话语。希望父母们经历过这三步之后，能够与孩子们更加亲近。

孩子成长的速度令人惊讶。与之相比，爸爸妈妈和孩子在一起的时间其实非常短暂。等到孩子长大之后，父母肯定会怀念与孩子共度的时光。到那时，如果父母回想起的只有对孩子说过的冷漠的话语和消极的话语，该会多么后悔啊。因此，趁着现在孩子还在自己身边，父母们一定要通过慈爱的话语向孩子表达自己的爱。时光如白驹过隙。希望所有看到本书的读者朋友，能够让表达尊重的话语填满自己与孩子共度的美好时光。

附录 **快速读懂表达尊重的三种话语**

带来情感交流的认可的话语	
消极的话语	积极的话语
"哪烫啊？"(否定)	"烫吗？很烫吧！"(共情、认可) "那再给你吹凉一点。"(提出解决方案)
"疼什么？别大呼小叫的！"(否定、禁止)	"很疼吧！"(认可) "给你贴个创可贴好吗？"(提出解决方案)
"这么晚了，吃东西对身体不好。忍忍吧。"(否定需求)	"想吃炸鸡吗？"(认可需求) "明天再吃吧！"(提出解决方案)
"作业不做就想着出去玩？不行！"(否定需求)	"不想做作业啊。好的，我知道了。"(认可需求)
"别再吵着买玩具了！"(否定需求)	"妈妈理解你想要那个玩具。"(认可需求) "其实你有类似的玩具，先玩那个怎么样？"(提出解决方案)
"这点事不值得哭。"(判断)	"我明白你的想法了。我知道你很伤心。"(认可感受) "感觉委屈很正常。"(认可状态)
"有什么好哭的？"(责备)	"是有可能产生这样的感受。"(共情) "我明白你是怎么想的。"(共情)

(续表)

消极的话语	积极的话语
"有什么好哭的？不许哭！"（禁止的话语）	"在房间里尽情哭过之后，无论什么时候出来，爸爸妈妈都会在外面等你。"（等待） "尽情哭过了吗？现在心情好点了吗？"（询问心情）
"你怎么总是把'为什么'挂在嘴边呢？"（轻率的回应）	"我知道你挺好奇的。"（认可想法） "感到好奇的时候，没有轻易放过问题，而是选择提问，这种态度很好。"（认可态度）
"哪里学来的顶嘴这个毛病？一点规矩都没有！"（判断）	"提出问题挺好的，但你的语气就好像在怪别人一样。"（纠正语气） "'为什么'听起来很容易让人反感，假如换个说法，'我很好奇原因是什么'，你觉得怎样？"（提出解决方案）
大人说话，小孩不许顶嘴！（当面训斥）	"原来你是这么想的。但是……"（认可想法）

打开孩子心扉的赞同的话语

消极的话语	积极的话语
"你怎么这么善变?"(消极的判断)	"改变想法了吗?"(积极的解释)
"再这样下去,你最后只能放弃数学了!"(威胁)	"多做几次就简单了。"(安慰)
"你再这么吃下去,该胖成猪了。"(威胁)	"为了你的健康,要注意一下,不要吃太多。"(安慰)
"你怎么又把脱下来的袜子随便乱扔?"(追究)	"你是因为还不习惯才这样的。"(积极的解释) "我们把袜子放到脏衣篓里吧。"(引导)
"给我按照笔画顺序写。"(命令)	"还是练习的次数太少了。"(理解) "我们按照笔画顺序,慢慢开始写吧。"(引导)
"如果不想得零分,就把字好好练练!"(极度悲观的想法)	"练字和练习隔写确实不容易。"(共情) "不过经常练习的话,慢慢就会变简单的。"(鼓励)
"怎么总是这样?"(夸大频率)	"这已经不是第一次了,你知道吧?"(限定次数)
"你在学校里也这样吗?"(联系地点)	"以后把东西放回原处吧。"(叮嘱)
"像你这样,长大后能干什么呢?"(联系将来)	"你有时候冒冒失失的。"(限定部分)
"不要只看漫画书,读点有用的书。"(指责)	"看到你读书,我真开心。"(对开始表示称赞)
"做作业。"(指示) "这都写了些什么啊?擦掉重写。"(指责)	"作业做完了啊,真棒!"(对完成表示称赞)

默默传递关爱的慈爱的话语	
消极的话语	积极的话语
"说'我错了'。"(指示) "说'对不起'。"(要求道歉)	"知道错了的话,就牵住妈妈的手吧。"(引导承认错误)
"说'下次不了'!"(要求做出承诺)	"如果你以后会尽量不再这样,就跟爸爸拉钩好不好?"(引导做出约定)
"不要惹爸爸生气!"(禁止)	"因为你总是在爸爸和妈妈说话的时候插嘴,所以爸爸才生气的。"(说明) "希望你能尊重爸爸妈妈的谈话时间。爸爸妈妈说话的时候,你能稍微等一下吗?"(请求)
"吃完饭,就把碗筷放到洗碗槽里!"(命令)	"吃完饭后,把碗筷顺手拿到洗碗槽里好吗?"(提议)
"饭是你吃,收拾却要别人收拾是吗?"(挖苦)	"把杯子收一下,放到洗碗槽里好吗?"(请求)
"你现在是在无视妈妈吗?"(责难)	"如果是你的话,你的心情会怎么样呢?"(提问)
"你到底想让我怎么办?我能有什么办法!"(厌烦)	"妈妈也有解决不了的事情。"(说明)